遊んで、食べて、癒されて

タイ・プーケットへ

鈴木さくらこ

はじめに

　プーケットといえば、世界に名だたるビーチリゾートのひとつ。それは私が初めてプーケットを訪れた約30年前から今も変わりません。美しいビーチを島内にいくつも持ち、素晴らしい自然の景観に恵まれた島。極上ホテルにシーフード、ナイトライフもとてもリーズナブルに楽しめます。その開放感あふれるイメージが、世界中の人を虜にするのでしょう。

　そんなプーケットに住みはじめて感じたことは、プーケットはいつも「動いている」ということです。

　その動力の源は、常に観光客を喜ばせようと挑戦し続けていることだと思います。森を開拓してジップラインを引いたり、ゾウが勢ぞろいする豪華なショーを上演したり、プールにトレイを浮かべて食事を提供したり……。時にはアイデアが斬新すぎて、つくったもののいつの間にか消えていたりすることもありますが（笑）

　新しいものだけではなく、古いものや伝統を大事にする心も忘れません。歴史ある街並みをいかしてできた観光名所プーケット・タウンのオールド・タウンは、古きよき時代の文化を感じられ、ホッとリラックスできる場所。タイ古式マッサージのテクニックをいかしたスパやエステも、たくさんの施設があります。

　小さな南の島の、楽しいことを追求しチャレンジし続ける姿を、この本のなかでご紹介ができたらいいなと思っています。

Contents

※本書掲載のデータは2021年4月現在のものです。店舗の移転、閉店、価格改訂などにより、実際と異なる場合があります。

※電話番号はすべて現地の電話番号を市外局番から掲載しています。タイの国番号は「66」です。

※本書内のタイ語のカナ表記は、できるだけ現地の発音に近いものを採用しています。

タイ＆プーケット島

基本情報

正式国名	タイ王国
面積	[タイ全土] 約51万4000㎢（日本の約1.4倍） [プーケット島] 約543㎢（タイ最大の島）
人口	[タイ全土] 約6980万人（2020年） [プーケット県] 約41万6000人（2020年）
距離	[バンコク〜プーケット間] 約860km
首都	バンコク
言語（公用語）	タイ語
通貨	バーツ（Baht／THB。本書内ではBで表記） 1バーツ＝3.49円（2021年4月現在）
時差	日本とタイの時差はマイナス2時間 日本が正午の時、タイは午前10時
政治体制	立憲君主制
宗教	[タイ全土] 　仏教（94％）、イスラム教（5％）、 　その他（1％） [プーケット県] 　仏教（73％）、イスラム教（25％）、 　その他キリスト教など（2％）
主要産業	観光業、農業、漁業

ビーチと島あそび

Beach & Activity

Beach & Activity
ビーチと島あそび

海もアクティビティも盛りだくさん
この島を遊びつくそう！

ビーチは島の西側に集中

プーケットにはたくさんのビーチがあり、名前がついているビーチは約30か所もあるそうです。島の地図を見るとわかりますが、ホテルが立ち並び、街としてにぎわっているのは西海岸側。北から南へ、マイカオ・ビーチ、ナイヤーン・ビーチ、バンタオ・ビーチ、スリン・ビーチ、カマラ・ビーチ、パトン・ビーチ、カロン・ビーチ、カタ・ビーチ、南端を回ってラワイ・ビーチ、パンワ・ビーチが代表的なビーチです。東海岸側が開発されないのは、海の透明度が西海岸に比べて劣るというのが理由のようです。

ただ、雨季になると西海岸側はモンスーンの影響で波が高くなります。遊泳禁止になるとビーチに赤い旗が立ちます。雨季の海水浴やマリンスポーツは近隣の泳げる島へツアーで出かける人も多いです。

非日常体験を楽しもう！

ビーチのなかでも、パトン・ビーチは島でいちばんの繁華街。レストランでの食事、ショッピング、ナイトライフを楽しむために、多くの観光客が訪れます。

そのパトンから南に車で15分ほどのカロン・ビーチやカタ・ビーチ、パトンから北に車で15

左から／島南西部のカロン・ビーチとナイハーン・ビーチの間にあるヌイ・ビーチ。小さいビーチだがレストランやバーなどが。／ラワイ・ビーチ。クラゲのように見えるものは、お正月のお祝いでビーチに飾られていたもの。

ビーチによりさまざまな表情がある。繁華街が近いビーチは人も多く集まるが、街から離れているビーチや、あまり知られていない小さなビーチはとても静か。写真上のマイカオ・ビーチでは飛行機が頭上をかすめる体験ができる世界でも珍しい場所。ハイシーズンに滞在するならぜひ出かけてみて。

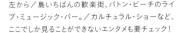

左から／島いちばんの歓楽街、パトン・ビーチのライブ・ミュージック・バー。／カルチュラル・ショーなど、ここでしか見ることができないエンタメも要チェック！

分ほどのスリン・ビーチ、カマラ・ビーチも、繁華街にアクセスがよく人気のエリアです。

バンタオ・ビーチはもともと沼地だった場所に人工のラグーンをうまく配置してつくったファミリー向けのリゾートです。空港に近いマイカオ・ビーチやナイヤーン・ビーチは繁華街からは遠いですが、ホテルとビーチでのんびりしたい人に好まれます。南端のラワイ・ビーチとパンワ・ビーチはリゾートとして開発されすぎていない素朴さが魅力です 。

美しいビーチはプーケットの大きな魅力のひとつですが、島で楽しめるのはビーチだけではありません。島内には観光用のレジャー施設や、エン

ターテインメントもそろっていますし、SNSが発達した近年では写真がキレイに撮れるスポットが大人気です。タイの歴史や文化を感じられるショーを見たり 、普段はあまり行かない人でもちょっぴりナイトライフを楽しんでみたり。日本ではなかなかできない体験がプーケットにはいろいろと待っています。英語が苦手でも、単語だけでなんとなく通じてしまう気楽さとタイ人の笑顔で、いつもより積極的に楽しめるかも？！

昼間はとても美しいビーチですが、夜間は治安が悪化します。イベントなどが開催されて人がたくさんいる場合を除き、なんらかの犯罪に巻き込まれる可能性もあるので、日没後はできるだけ立ち入らないようにしてください。

左から／2019年にチュンタレー地区に新しくできたウォーターパーク、ブルーツリー・プーケットに併設するショッピングモール。／ブルーツリーのプール。ジップライン・アクティビティや大きなレストランも。

プーケットを代表するにぎやかビーチ

Patong
パトン・ビーチ Beach

プーケット・タウンから車で約30分、
プーケット国際空港から車で約50分
トイレ10B シャワー20B **MAP** P128▼B-1

プーケットといえばパトン・ビーチ！と即答する
人も多いと思います。ビーチを中心に繁華街が広
がる観光地として、世界中に知られるプーケットの
心臓部分です。ハイシーズン、ローシーズン問わ
ず多くの人が訪れるビーチとその周辺は、屋台が
並び、マリンスポーツやマッサージ、もの売りなど
の勧誘でいつもガヤガヤしています。ビーチに並
行して走るタヴィーウォン通り（通称ビーチ・ロー
ド）だけでなく、現在は200ピー通り（セカンド・ロー
ド）、サイコー通り（サード・ロード）にもホテル、
レストラン、おみやげ店がひしめきあいます。夜の
エンターテインメントはとくに有名。バーが立ち並
ぶバングラー通りは夜遅くまでにぎやかです。一日
中、退屈せずに過ごせます。

Photo: Pritsadee Jaipinta/Dreamstime.com

マリンスポーツも楽しめる。パラセイリング1500B～、ジェッ
トスキー1500B～、バナナボート700B～。人数や利用時間
により異なる。

雨季にはよくビーチに旗が立つ。信号と同じく赤い旗は遊泳禁止という意味。黄色の旗の時もあまり深いところまでは行かないように。

上：かつてはビーチ・チェアがビーチいっぱいに並ぶ景色が見られたが、政府の許可制になり数が減った。ビーチが広くなったように見える。／右：パトン・ビーチのサインはビーチ沿いに2か所。ビーチの一番北側と、中央付近のバングラー通りの入り口向かい、警察のとなりあたり。

Photo: 95431438/Dreamstime.com

右：ビーチ・チェアだけでなくビーチ・マットのレンタルもある。マットだと好きな場所に移動ができて便利。／下：ビーチ沿いの屋台ではシーフード・バーベキューやイサーン料理なども売られている。

ハイシーズンのバングラー通りは、夜が更けるほどに人がどんどんやってくる。小さなオープンバーが道の両わきにずらりと並ぶ。

Photo: Aleem Zahid Khan/Dreamstime.com

バングラー通りは、ビーチ・ロードとセカンド・ロードを縦につないでいる。セカンド・ロード側にはディスコやゴーゴー・バーが集まる。

Photo: Aleksey Suvorov /Dreamstime.com

透明度が高くサンセットも美しい

Kata カタ・ビーチ
Beach

プーケット・タウンから車で約30分、プーケット国際空港から車で約50分
トイレ5B、シャワー20B／MAP P129▼D-1

上：ビーチを海に向かって右手に進むとカロン・ビーチ。湾になっているあたりにプー島という小さな丸いかわいい島が浮かんでいる。／左：カタは「リゾート」や「バカンス」という言葉がしっくりくる。ビーチそばには繁華街も集まっていて、パトンに次いでにぎやかなビーチ。

パトン・ビーチから南に車で15分ほどの場所にあり、パトンの次にプーケットではメジャーといえます。ビーチは「カタ・ヤイ」と「カタ・ノイ」に分かれており、カタ・ノイ・ビーチは高級ホテルが並ぶため、ビーチもプライベート感が強いです。カタ・ヤイ・ビーチには小さな繁華街があり、レストランやおみやげ店、マッサージ店などが並びます。雨季にはサーフィン目的で訪れる人もいます。ほどほどに開けていて、静かに滞在したいけれど、パトンなどの繁華街にも出かけたい、という人にはおすすめのエリア。岩場は透明度も高く、美しいサンセットを見られることでも有名です。

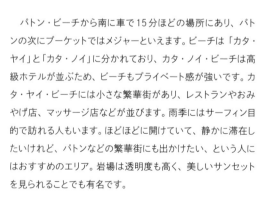

上：雨季のビーチではボードレンタルや、サーフスクールも。海に向かって左手側（ビヨンド・カタビーチ・リゾート・ホテル側）あたりにボードが並んでいる。／下：雨季はサーフィンが楽しめるので、それを目当てにくる観光客も。ローシーズンのカタ・ビーチのホテルはハイシーズンの半額ほどになるところも。

左：ビーチにはマットとパラソルのレンタルがある。一日200B。マットは好きな場所に持っていけるので、波のそばでも木陰でもお好きな場所に。／右：ビーチのマリンスポーツ、プライスは交渉制。利用時間や人数、季節によっても料金が異なる。

鳴き砂体験ができる静かなビーチ

Karon *Beach*
カロン・ビーチ

並行して走る道路よりも砂浜が少し低いので、ビーチを見過ごしてしまうことも。近くを通ったらぜひ鳴き砂を踏みに行ってみて。

パトン・ビーチとカタ・ビーチの間にあるビーチ。カタ・ビーチ側にはカタ・センターと呼ばれる小さな繁華街があり、レストランやカフェ、おみやげ店が集まっています。パトンまでは車で坂を越えて10分ほど。カロン・ビュー・ポイント（タイ語ではサムアオ）という名前の展望台があり、ちょっとした観光地となっています。展望台からはカタ・ヤイとカタ・ノイ、カロンの3つのビーチが一望できます。ここは家族連れが多く、素朴でのんびりした雰囲気です。砂が白くて美しく、歩くとキュッと音が鳴るので、耳を澄まして歩いてみてください。

雨季はかなり波が高くなり、毎年その時期には事故が報告されるほど。穏やかに見えても海のなかは激しく渦巻いていることがあるので十分気をつけて。

ブーケット・タウンから車で約30分、ブーケット国際空港から車で約50分
◉ トイレ5B、シャワー20B
MAP P129 C-1

右上：水平線がきれいに見えるのがこのビーチの魅力。この海に落ちる夕日は忘れられない思い出になるはず。／右下：ここからカマラ・ビーチ方向へ車で2分ほどの高台にある展望台からのながめ。レムシン・ビーチという小さいビーチが見おろせる。／下：サーフィン姿が絵になるのは、なんといってもこのビーチ。ビーチからの景色も建物に邪魔されず、広々した海を満喫できる。

"ビーチリゾート" という名にふさわしい

　プーケットの数あるビーチのなかで、これほど欧米人バカンス客が似合うビーチはないのではないかと思わせるのが、ここスリン・ビーチです。フラットな白い砂浜がまっすぐ遠くまで続きます。雨季にはサーフィンを楽しむ人も多く訪れます。ビーチのそばに繁華街がないので、ガヤガヤしておらずプライベート感があります。

Surin Beach
スリン・ビーチ

　プーケット・タウンから車で約40分、プーケット国際空港から車で約15分
🚻 トイレ、シャワーなし
MAP P128 A-1

ラグーンと海に囲まれたリゾートビーチ

　バンタオ・ビーチの一角には、もともとあった沼地（ラグーン）をリゾート用に開発した「ラグーナ」というエリアがあり、バニヤンツリーなどの高級ホテルが立ち並びます。ラグーナのビーチは洗練されたハイソな雰囲気が漂いますが、ラグーナの敷地以外はたくさんの樹木が木陰をつくる素朴で静かなビーチです。

Bangtao Beach
バンタオ・ビーチ

上：ホテル前のビーチにはオシャレなチェアなどが置いてあるが、ホテルエリアよりも南側では自然な雰囲気が楽しめる。／左：左から／ラグーナ・エリアの特徴である人工ラグーン。その奥はアンサナラグーナ・ホテル。ホテルではセイリングボートやカヤックのレンタルをしている。／ラグーナには遊歩道があり、朝晩の涼しい時間の散歩はとても気持ちがいい。ラグーナには魚がたくさん泳いでいる。

　プーケット・タウンから車で約30分、プーケット国際空港から車で約15分
🚻 トイレ、シャワーなし／**MAP** P128 A-1

かくれた岩場でゾウと遊ぶ

トライトラン・ビーチ

Tritrang
Beach

タイではゾウと写真を撮れる場所は多いが、海のなかで一緒の写真というのは特別な記念になるはず。

賢いゾウたちは、たくさんのかわいいポーズを披露。スタッフにスマホやカメラを渡すと、ゾウとの写真も撮影してくれる。

上：希望すればオプションとしてウエディングフォトにも対応してくれる。ドレスは持ち込み、または現地レンタル会社の利用も可。／下：小ゾウとの水遊び風の写真。スタッフはいろいろなバリエーションの写真を撮ってくれてサービス精神旺盛。

パトン・ビーチの南側からつながっているビーチですが、陸路で行くには山道を車で迂回して10分くらいかかります。高級ホテルなどもあり、プライベートな滞在を楽しめるのんびりしたエリアです。このビーチはなんといってもビーチでのゾウ乗りが楽しめる「エレファント・スイム」が有名。ただゾウに乗るだけでなく、ゾウのキスや鼻シャワー、ふり落としなどの多彩で愛嬌のあるゾウのパフォーマンスに、大人も子どもも大興奮です。ただひとつの難点は、ビーチへの往復に「心臓破り」の急坂を徒歩で上り下りするので、翌日の筋肉痛が免れないことでしょうか（笑）

潮が満ちている時間帯はゾウたちも大忙し。引き潮だと普通の砂浜になってしまうので、事前に満潮時間を確認して予約したい。

📍 プーケット・タウンから車で約40分、プーケット国際空港から車で約60分
Elephant Swim
📶 facebook.com/elephantswims
🕐 9:00〜18:00、無休、※要予約
💲 ゾウ乗り15分 1000B（大人・子ども同額）／**MAP** P129 ◀ C-1

Maikhao
Beach
マイカオ・ビーチ

流木を使ってつくられた、なかなか芸術的な看板。ビーチにはイス代わりの流木がいくつか無造作に置かれている。

高級ホテルが並ぶ閑静なビーチ

空港の北に位置するマイカオ・ビーチは高級ホテルが並ぶエリア。飛行機がそばで見られる場所や、スプラッシュ・ジャングルというウォーターパークもあります。プーケット・タウンやパトン・ビーチまでは車で1時間ほどかかるので、海重視、プライベート重視の人におすすめ。フラットなビーチがどこまでも続く景色をひとりじめです。

上：マイカオ・ビーチ名物のひとつとなった空港敷地前の飛行機撮影スポット。近くに滞在する場合は、ぜひ足を延ばしてみて。／右：この門をくぐって進むと、マイカオ・ビーチが180度目の前に開ける。プーケットのなかではもっとも長い距離のビーチ。

- プーケット・タウンから車で約60分、プーケット国際空港から車で約15分
- トイレ10B（滑走路付近への車が出る駐車場内）、シャワーなし
- **MAP** P130 D-2

国立公園のなかに残る手つかずの自然

プーケット国際空港の目の前にあるビーチ。近隣住民がくつろぐ、のんびりした田舎ビーチです。ナイヤーンからマイカオ・ビーチまでの一帯13キロはシリナート海洋国立公園となっていて、海ガメの産卵や放流が行われたり、野鳥の観測ができたりし、キャンプ場も併設しています。私がなにも考えずリラックスしたい時に立ち寄る場所です。

Naiyang
ナイヤーン・ビーチ *Beach*

上：自然公園として保護されているせいか、静寂が保たれている場所。泳ぐよりも、海を見ながら食べたり飲んだりしてリラックスするのが似合う。／左：左から／この看板を左手に進んでいくと国立公園の入り口。左手には管理事務所があり、キャンプ場もある。／この公園周辺で見ることができる鳥の写真。バードウォッチングが好きな人はチェックしてみて。

- プーケット・タウンから車で約40分、プーケット国際空港から車で約5分／トイレ10B、シャワー20B
- Sirinath Marine National Park ♀ 89/1 Moo1 Sakhu Amphur Thalang Phuket
- 入園料大人200B、子ども100B／**MAP** P130 D-2

Rawai Beach
ラワイ・ビーチ

地元で獲れる
シーフードの店が並ぶ

　プーケットの南側に位置する
ビーチ。先住民であるシー・ジプ
シーが暮らしていた場所で、
現在もロング・テール・ボート
が停泊し、漁をする人の拠点に
なっています。海水浴を楽しむ
ビーチではないですが、ビーチ
前にはシーフード店がずらり。
街中よりも安い値段で味わうこ
とができます。ハイシーズンに
は、レストランやマッサージ店
などもオープン。

上：ラワイ・ビーチにはロング・テール・ボートがたく
さん停泊している。漁に出る船もあれば、チャー
ターで島などに案内するサービスもある。／右：プ
ーケットの先住民族であるシー・ジプシーが住む
地域。魚介を獲って生活する彼らにとって、ロン
グ・テール・ボートは大事な商売道具。

📍 プーケット・タウンから車で約30分、プーケット国際空港から車で約50分
🚻 トイレ、シャワーなし／**MAP** P129◀D-2

シー・ジプシー村の駐車場で
干されていた魚。彼らは、ラワ
イとシレー島にそれぞれ自分
たちの村を作って、独自の文
化・習慣を持ち生活している。

モンスーンの影響を受けにくいビーチ

Panwa Beach
パンワ・ビーチ

　プーケットの南東部分に位置しています。
東側は雨季でもモンスーンの影響を受けに
くく、1年中泳げます。ただ、水の透明度は西
側のビーチより少し落ちる面があります。
長期滞在者向けにコンドミニアムが多く建ち、
カヤックや自転車のレンタルがあるところも。
小さな水族館もあり、並びの遊歩道とベン
チには夕涼みの人が集まります。

左：潮の満ち引きが大きい場所では、干潮になるとかなり遠
くまで岩がごつごつした景色が現れる。／上左：東側の海
はモンスーンの影響を受けにくいので1年中穏やか。魚はあ
まり見えないが、カヤックなどで楽しむのに向いている。／
上右：水族館並びにある遊歩道からは、パンワ湾の海をな
がめられる。午後からは屋台が並び、夕方にはこのベンチで
夕涼みする人がやってくる。

📍 プーケット・タウンから車で約15分、
プーケット国際空港から車で約50分
🚻 トイレ、シャワーなし／**MAP** P129◀D-3

迫力満点！
ビーチdeヒコーキ写真

見る！撮る！
ためのポイント

水平線からキラリと光る機体が見えて、それが轟音とともにどんどん大きくなり、頭上スレスレをかすめていく……この興奮はもはやアトラクション！

着陸する飛行機の大迫力写真は、乾季のみ撮影することができます。5〜10月頃の雨季はモンスーンの影響で海側からは飛行機がやってきません。逆に離陸していく飛行機は見ることができますが、すぐに高度を上げてしまうので残念ながら頭上スレスレにはならないのです。でも飛行機が好きな人なら十分楽しめるでしょう。

このビーチには車で行くことができないため、マイカオ・ビーチのスプラッシュ・ジャングル近くにある専用送迎サービスの利用をオススメします（片道1人20バーツ、所要5分程度）。

Photo: Nimon Thong Uthai/Dreamstime.com

Hanuman World
▶ ハヌマン・ワールド

森のなかでターザンみたいに遊ぶ！

ジップラインは通常ワイヤーで横移動するが、これは上から垂直に落ちるタイプ。ほかにもここのオリジナルで、ジェットコースターのように回って移動するものも。

高さに慣れてくると、景色を楽しんだり緑のなかを飛ぶ爽快感を感じたりできる。カメラを持参しても撮る余裕はないので、有料の撮影プランを頼むのがオススメ（1グループあたり1200B〜）。いろいろな場面を撮影してUSBに入れてもらえる。

　木から木へワイヤーでターザンのように滑空するジップラインというアクティビティが近年人気です。島内でも数か所で体験できますが、ここにはジップラインだけでなく、高さ20メートルの遊歩道スカイウォークや、ローラー・ジップラインというジェットコースターのようなアクティビティもあります。併設のスリーモンキーズ・レストランは山小屋風でくつろげると人気で、たくさんの観光客が訪れます。外に張り出したシッティング・スペースは高さがあってちょっとドキドキしますが絶好の写真スポット。緑いっぱいの素敵な記念写真が撮れます。

上：入り口は緑に囲まれた山の上にある。ハヌマンとはタイの神話に出てくる猿のこと。この猿の口のなかに入って写真撮影を。／左：ジップラインのインストラクターは、コースをつきそって案内してくれる。怖くて飛べない時には一緒に飛んでくれるので子どもでも安心。

レストランはタイ人観光客にも大人気。夕暮れから夜は涼しくなるので、山の空気を感じるカウンター席はゆっくり飲むのにおすすめ。

レストランではぜひ座ってみてほしい！ 下が透けて見える人気のシッティング・スペース。怖くて写真を撮ったらすぐに引き上げてしまう人も。

📍 105 Moo 4 Chaofa East Rd, Tombol Wichit Amphur Muang Phuket
📞 076-540767
🌐 hanumanworldphuket.com/
🕐 8:30〜17:00、無休
⚙ Wourld C（1時間1590B）、Wourld B（1.5時間1990B）、
　 Wourld A+（2時間2390B）
※いずれも1人の料金。体験できるアクティビティや回数が異なる
MAP P129◀C-2

Siam Niramit
▶ サイアム・ニラミット

プレショーで一番盛り上がるのがムエタイのデモンストレーション。すぐそばで見られるので迫力がある。

タイ文化を織りまぜた幻想的なショー

タイの文化、歴史、生活、風習などがぎっしりと詰め込まれた幻想的なショー。観た後も不思議な気持ちになれて、余韻も楽しめる。

中央にあるオープンエリアでは、会場内のショーの前にプレショーがある。タイ・ダンスや、ムエタイ、ゾウのショー、噴水ショーなどがあるのでこちらも見のがせない！

左：ガーデンエリアには池があり、水上マーケットに見立ててボートに乗るサービスも。タイのお菓子づくり実演などもある。／右：ガーデンエリアにはタイ全土を地域ごとに分け、建物や文化を紹介する場所がある。地域によって家のつくりなども違うのがおもしろい。

バンコクとプーケットで展開するカルチャー・テーマパークで、プーケットには広々とした敷地にタイの生活を感じられる建物や農園、水上マーケットがつくられています。できれば日没前に入園して見学することをおすすめします。屋外ステージではタイ・ダンスやムエタイ、ゾウのショーがあり、そのあと屋内でのショーがあります。日本語字幕も出るので、わかりやすく楽しめるはず。右ページのプーケット・ファンタシーと比べると、こちらはより大人向けで幻想的。デパートや大型スーパーにも近いので、ショッピングの後にショーを組み入れるのもよいかも。

📍 55, 81 Chalermprakiat Ratchakan Thi 9 Rd,
Tambon Ko Kaeo Amphur Muang Phuket
📞 076-335000／🌐 siamniramitphuket.com/
🕐 17:00〜23:00、火曜休
💰 ショーのみ シルバー席1500B（大人子ども同額）
ショー＋ディナー シルバー席
大人1850B、子ども1650B（子どもは4〜12歳、
12歳以下でも身長140cmを超えると大人料金）
MAP P128◀B-2

Phuket FantaSea
▶ プーケット・ファンタシー

到着してまずはこのチケットブースでチケットを受け取る。入り口に進む前に、ぜひブースのそばの池にも立ち寄ってみて。

島内最大のナイトエンターテインメント

園内のゴールデンキナリー・レストランは4000席もあるビュッフェ・レストラン。追加料金でシーフード・バーベキュー食べ放題プランも。

左：園内にはたくさんのおみやげ店が並ぶ。入り口の装飾が楽しい雰囲気。「FantaSea」ロゴ入りのゾウさんグッズが人気。／右：広場ではゾウに乗ることができる。森のなかでのゾウ乗りとはまた違った楽しさがある。後ろはショー会場。夜は神殿のような荘厳な雰囲気になる。／下：このパークがあるカマラ地域の王を主役とした、プーケットでしか見られない物語。出演者も多く、ゾウなどたくさんの動物も登場する。

1998年にオープンしたタイ文化のテーマパーク。場内のシアターで行われるショーはパークのある町カマラの王の伝説をモチーフにしています。タイの伝統舞踊や影絵のほか、空中バレエやマジック・ショー、ゾウが舞台にずらりと登場するなど、観客を飽きさせない内容。パークのなかにはおみやげ店、レストラン、ゲームセンター、ミニ動物園などもあり、動物園ではめずらしいホワイトタイガーに会えます。パークのロゴ入りのオリジナル・グッズも旅の記念に。ダーツや輪投げなどのゲームは簡単そうに見えて案外難しく、お祭りのような気分で楽しめます。

♀ 99 Kamala Amphur Kathu Phuket
☎ 076-385000／🌐 phuket-fantasea.com/
🕐 17:00～23:30、木曜休
💰 ショーのみ 1800B（大人子ども同額）、
　 ショー＋ビュッフェディナー 大人2200B、子ども2000B
　 （子どもは4～12歳、12歳以下でも身長140cmを超えると大人料金）
MAP P128◀B-1

Big Buddha
▶ ビッグ・ブッダ

四輪バギーで山の上のお寺へ

上:高い場所にあるのでとてもながめがいい。360度の展望スポットもあるのでお寺と仏像を見学した後は、のんびり景色を堪能するのもおすすめ。／左:寄付により完成に近づいている。お参りグッズは山の下にある寺院で。金色の葉100Bに名前を書いて近くの木に掛ける人が多い。

ながめのよい場所で写真を撮って小休止。運転の途中にもスタッフが撮影スポットに誘導してくれる。

　ビッグ・ブッダは正式名プラプッタ・ミンモンコンアケナキリ。ナーカーッと呼ばれるカロン地区の山の上につくられた、高さ45メートルにもなる仏像です。2004年より建立がスタートし、寄付により現在も続いています。山の上からはシャロン湾、プーケット・タウンなどが見晴らせる人気の観光地です。タクシーなどでもアクセスできますが、山の中腹にあるATV（四輪バギー）のレンタルを利用するとアドベンチャー気分でビッグ・ブッダに会いに行けます。ATVを運転する動画もスタッフがサービスで撮影してくれます。

ATVはプーケットではメジャーなアクティビティ。免許も不要。舗装された道でまず運転に慣れてから、山道のでこぼこ道を走る。

ATVのほかにゾウ乗り場も併設。丘の上のビッグ・ブッダをながめながらゾウ乗りを楽しむこともできる。

📍 At the top of Nak Kerd Mountain Tombol Karon Amphur Muang Phuket
📞 081-8913827／🌐 mingmongkolphuket.com
🕐 6:00～19:00、無休／💰 無料 ※寄付推奨
MAP P129▶C-1
ATV Seaview On Tour（四輪バギーレンタル）
📍 Khao Nak Kerd Karon Muang Phuket
📞 081-5979134／🕐 8:30～17:00、無休
💰 60分（ビッグ・ブッダ見学15分含む）1500B
MAP P129▶C-2

Blue Tree Phuket
▶ ブルーツリー・プーケット

プールアクティビティとモール

　家族で楽しめるプールを中心としたレジャー施設として2019年オープン。場所はバンタオ・ビーチのラグーナから車で10分ほど。ウォーター・スライダーやクリフジャンプ、ジップラインなどのアクティビティも多数。プールを見下ろすレストランやショッピングアーケード、屋外ライブスペースもあります。レジャー施設が少なめの島北部に宿泊する人にはうれしいですね。

広いだけのプールじゃない！ジップライン、カヌー、ボルダリングなども併設され入場料ですべて利用OK。

上：敷地の真ん中あたりにある見晴らし台。建物の裏側に広がるブルーツリー・ラグーンと呼ばれるプールや前方にあるイベントスペースなどが一望できる。／右：カラフルなシノ・ヨーロピアン風ショッピングアーケード。

📍 4/2 Srisoonthorn Srisoonthorn Rd,
　Cherngtalay Amphur Thalang Phuket
📞 076-602435／🌐 bluetree.fun／🕐 10:00〜18:00、無休
💰 950B（身長90cm以下の子ども無料）／**MAP** P128▼A-1

ビッグサイズのトラは歩いている姿を見るだけでもドキドキ。一緒に写真が撮れるのは、身長160cm以上、年齢18歳以上。

Tiger Kingdom
▶ タイガー・キングダム

トラと密着のドキドキ体験

　トラと一緒に写真が撮れるアクティビティとして人気。タイ国内には、チェンマイとここプーケットの2か所があります。オリの前にイラストでわかりやすく描かれている注意事項があるので、それをよく見て係員の指示に従えば大丈夫。赤ちゃんのトラから迫力のビッグサイズまで、最初はドキドキしますが、慣れてくると大きなおとなしい猫のようにかわいく思えますよ。

上：最初はトラだけだったが、チーターも仲間入り。カメラマンは別料金（500B〜）だが、いろいろなポーズもつけてくれてくれるのでおススメ。／右：じっとしている写真もあれば、スタッフが小道具を使ってトラをジャンプさせるなどアクティブな写真も撮ってくれる。

📍 118/88 Moo 7 Amphur Kathu Phuket
📞 076-323311／🌐 tigerkingdom.com/
🕐 9:00〜18:00、無休
💰 入場100B、トラとの写真撮影800B〜（入場料込）
　MAP P128▼B-2

お立ち台の上でホットパンツやミニスカート姿の"ゴーゴー・ガール"たちが妖艶なダンスを見せる。女性客も歓迎。

にぎやかな夜も楽しもう！

プーケットの
ナイトライフ

セクシーなボーイ＆ガール

　プーケットで夜遊びをするのなら、やはり一番にぎやかなパトン・ビーチのバングラー通り周辺にくり出してみましょう。20時くらいからバーはオープンしていますが、人が出てきてにぎやかになってくるのは23時以降です。

　店に入るのはちょっと怖いかも……という人でも、夜のにぎやかなバングラー通りでは、ニューハーフさんが踊っていたり、セクシーガールが店の前で勧誘していたりと、ぶらぶら歩くだけでも、「夜遊び」の雰囲気を楽しめると思います。

　ディスコやオープンカウンター・バーなどは日本人にも入りやすいと思います。入場料はなく、ドリンク代のみかかるところが多いです。

　タイならではのバーに、ムエタイバーがあります。中央にムエタイ・リングがつくってあり、そこで試合をするのを見ながらお酒を飲みます。ファイターがチップをもらいにテーブルに来ることもあるので、20バーツや50バーツの小銭を用意しておきましょう。

夜もにぎわうパトン・ビーチ

　もう少しディープな雰囲気なら、ゴーゴー・バーはいかがでしょうか。ミニスカートのかわいい女の子"ゴーゴー・ガール"が舞台などの上で踊っているのを見る場所です。ポールを使って身体をくねらせセクシーに踊るポールダンスが楽しめます。ショータイムにはゴーゴー・ガール全員が舞台にあがり、芸を披露してくれます。

　ゴーゴー・"ボーイ"がいる店では、男性のセクシーなダンスを見ながらお酒を飲みます。私が初めて行ったときは、白いブリーフ姿のダンサーたちに吹き出しました（笑）。店によってショータイムがあるところもあり、ニューハーフ・ショーみたいなところもあります。ダンサーを同席させておしゃべりする場合は、ダンサーにドリンクをおごってあげるシステムになります。

　夜の街では、所持品の管理にだけは十分気をつけて！ プーケットならではのナイトライフを楽しんでくださいね。

上：セクシー系の店もあれば、じっくり聴かせるライブ演奏のバーも。／下：バングラー通りのニューハーフさんたち。

Photo: Bai Xuejia/Dreamstime.com

Photo: Guruxox/Dreamstime.com

Illusion Phuket
▶ イリュージョン・プーケット

パトンを代表する大型ディスコ

　2014年にオープンしたプーケットNo.1のクラブ。ライト・サウンド・システムやLEDビジュアル・ディスプレイなどの設備をもち、世界トップレベルのパフォーマーとDJたちが登場します。日系米国人DJのスティーブ・アオキやレッドフーも来ており、2019、2020年のクラブランキングでは世界トップ100にランクインしています。店がにぎわうのは0時過ぎから。大フロアで踊りたい人も、大画面を見ながら飲みたい人も、自分の好きな場所を見つけて楽しんで。

プーケットでは文句なしのナンバーワンのキャパシティーとグレードを誇るディスコ。音響、照明も一流。圧倒的に観光客の利用が多い。

深夜1時過ぎには多くの人がホールに集まってくる。中央のダンスフロアは5000人も収容できる。

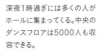

　📍 31 Bangla Rd, Patong Amphur Kathu Phuket
　📞 076-683030／🌐 illuzionphuket.com／／🕐 22:00～late 無休
　💲 ドリンク代のみ ※イベント時は要入場料
　MAP P130▼D-1

フロアには大きなハイビジョン・スクリーンがあり、イメージ映像やDJも映し出される。日本人も知っているメジャーな曲も多く、入り込みやすい。

生演奏がある水曜日は、22時過ぎると人が集まってくる。道路を挟んでテーブルが置いてあるのもローカルさが漂う。

Music Matter Jazz Club
▶ ミュージック・マター・ジャズ・クラブ

本格的なジャズ演奏を聴きに

　プーケット・タウンのロビンソン・デパート近くにあるオープンエアのジャス・バー。外観はタイのローカル・バーですが、店の半分はステージ。道路をはさんだ向かいにもテーブルを出しています。毎週水曜の22～23時頃からジャズライブを開催。ひとたび演奏がはじまると、それまでの庶民バーの雰囲気が一転。ハイレベルな演奏にビックリします。プーケット・タウンの繁華街を少し外れた路地裏ですが、欧米人客が多く、一部の音楽好きには有名な店です。

　📍 119 Chanajaroen Rd, Amphur Muang Phuket
　📞 095-4298746
　🌐 m.facebook.com/musicmattersphuk/
　🕐 19:00～23:45、無休
　💲 チャージ無、要ドリンクオーダー
　MAP P130▼B-2

歌っているのはオーナーでジャズシンガーのケイさん。毎年4月にジャズフェスティバルも開催。さまざまな国籍のジャズファンが集まる。

プーケット・タウン街歩き

Around the City in Phuket

モダンであり続ける
島の中心地

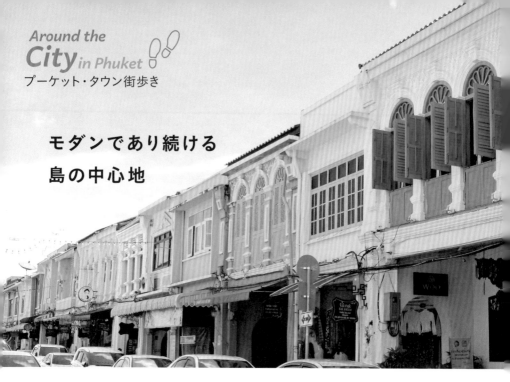

西洋と中国が融合した街並み

　19世紀から20世紀にかけて、プーケットではすずの採掘が盛んに行われていました。当時大変貴重だったすずは、外国と高値で取引されたのです。すずの採掘と交易で豊かになったプーケットには、時の市長が計画し、当時としては最先端の街がつくられました。現在でもプーケット・タウンの中心部には、その時代の建物が残る地区があり、オールド・タウン（タイ語でムアン・ガオ）と呼ばれています。

　建物の建築様式は中国（シノ）と西洋とをミックスした、「シノ・ヨーロピアン」が採用されました。地理的にも近く、一足先にこの様式で建設されていたペナンで流行していた建築スタイルをまねてつくったようです。建材などもペナンより取り寄せ、同じようなスタイルの家を、街中心部のタラン通り沿いに配置しました。19世紀後半から20世紀前半にかけてのことです。

古い街の風情が再注目される

　当時のオールド・タウンは、さまざまな商店が

左から／交差点にあるグリーンが目を惹くシノ・ヨーロピアン建築。車通りが多い場所なので、写真を撮る時は気をつけて。／クラビ通りのタイ料理レストランの店先。／シンプラチャー・ハウスでは、当時最先端で高価だったものがたくさん見られる。

左から／入り口にピンクの建物があるソイ・ロマニーは人気の撮影スポット。つきあたりにタイの寺院が見えるミックス・カルチャーな場所。／古い建物を改装したセレクトショップ。／下：オールド・タウンのランドマーク、プロムテープ時計塔。

軒を連ねており、プーケットにまだデパートやスーパーなどがなかった時代のショッピングスポット。ですが2000年頃から島内にデパートや大型スーパーなどができると、オールド・タウンの小売店より便利な大型店のほうへと島民の足は流れていったのです。

しかし2012年あたりから、オールド・タウンのよろず屋や薬屋など昔ながらの商店が連なる風情のある街並みをいかし、観光地化しようと動きが生まれました。街中にウォールアートを配したり、古い学校を博物館にしたり、民家をセレクトショップにしたり……おみやげ屋やカフェ、レストランなども次々にオープンしました。

その結果、オールド・タウンは活気を取り戻し、観光地化は大成功。今では多くの観光客が訪れる場所になりました。古さと新しさが融合するカラフルな街並みは、写真に収めると特に異国情緒が漂うので、撮影スポットとしても大人気です。

ほとんどの店が夕方で閉店しますので、この地区の観光は日中がおすすめです。夜はライトアップされたりはするのですが、数軒のレストランやバーをのぞいて静かになります。

左から／あちこちに描かれているウォールアートは、昔の生活の様子をモチーフにしたものが多い。／タラン通り名物のサンデー・マーケットでは華僑から伝わった食べものも多く並ぶ。／昔ながらの立派な佇まいの銀行。

シノ・ヨーロピアンとプーケット

オールド・タウンの街並みについて語る上で、シノ・ヨーロピアン建築はとても重要な役割を担っています。西洋風ですが、どこか親しみやすさを感じる「シノ・ヨーロピアン」。その特徴について、お話ししたいと思います。

シノ・ヨーロピアン建築の特徴

　オールド・タウンの中心にあるタラン通り沿いには、間口の狭い2階建ての建物が日本の長屋のように連なっています。カラフルでかわいらしいのは、家ごとに違う色にしているせい。間口は狭いですが、奥行きのある「うなぎの寝床」になっています。この間取りには役割があって、入り口は来客を通す場所で中央は親しい人のみが入れる場所、一番奥は家族がくつろぐ場所となっています。大切なものは奥にしまっておく、というセキュリティーも考えられた設計なのだそうです。

　家の中央には井戸や池などの貯水場があり、天井は吹き抜けになっています。これがあると家のなかの風通しがよくなり、とても涼しくて冷房いらずだそう。さらには風水的にもとてもよいのだとか。吹き抜けがあるせいで、家の横幅が狭くても息苦しさは感じませ

狭い間口

建物の間口が狭いので、写真に撮るとミニチュアハウスが並んでいるようにも見える。すべての家の入り口の前には通路があり、雨や日差しを避けて歩くことができるようになっている。(店の商品が並んでいて、通り抜けできないところも……)

吹き抜けのある間取り

吹き抜けスペースには中庭をつくったり、井戸を配置したり。大きな池にコイが泳いでいる家までさまざま。屋根はないので、雨が降ると家の中央に雨が降り注ぎ幻想的な気持ちに。

西洋建築の影響

建物の窓枠や柱の部分に西洋のデザインを取り入れることが多い。家によって装飾の度合いが異なっているが、派手な装飾は家の持ち主の地位の高さを示すものだったとか。地位が高くないと派手にはできなかったそう。

ん。古くからの知恵が凝縮された、素晴らしい建築様式なのですね。ちなみに、間口が狭いのは、幅8フィート以内の建物だと税金が安くなる、という理由から。実は節税対策だったのです。

「シノ・ポルトギース」という呼称

　プーケット、オールド・タウンの建物の建築様式を表す代名詞には、これまで「シノ・ポルトギース」という言葉が使われてきました。しかし、近年、オールド・タウンの広報ではこの名前を「シノ・ヨーロピアン」に変更しています。

　この建築スタイル、実はシンガポールやマレーシアでは「ショップ・ハウス」と呼ばれています。プーケットでだけ「シノ・ポルトギース」と呼ばれているのです。とある大学教授がそう呼んだことがはじまりだと言われていますが、のちに影響を与えたのはポルトガル建築だけではない、ということで訂正をしています。

　オールド・タウンのタイフア博物館には、「建物の柱や窓枠に、ギリシャやローマ建築の装飾もとりいれている」という記述もあり、ポルトガルだけではなく西洋全般の建築様式がミックスされている、というのが正しいところのようです。

中国建築の影響

中国で縁起がよいとされているものもたくさん取り込んでいる。入り口のお札は中国寺院からのもの。漢字の看板は縁起のよい言葉が書かれている。花や龍の装飾も家具などに好んで使われている。

オールド・タウンの
オススメお散歩モデルコース

プーケットで外を歩いて観光する際は、
強い日差しが照りつけます。
効率よく見どころを楽しめるように、
おすすめのコース2つをご紹介します。

王様のウォールアート前で写真撮影

ラマ9世が描かれたウォールアートはディブック通りとヤワラート通りが交差する交差点にあります。

7

コース 1

写真映え抜群!
プーケットの新旧を楽しむ

【所要時間】
サクサク回って約1時間、
ゆったり遊んで約2時間
※食事時間は含みません。

タラン通りがオールド・タウンの目抜き通りになります。道の左右には、シノ・ヨーロピアンのカラフルな建物が続いています。街を華やかに飾るウォールアートや、ピンクの建物が並ぶ狭い路地、プーケット料理が食べられる古くから続くレストランなど、写真映えする場所がたくさんあります。買いものや食べ歩きも楽しみながら歩いてみましょう。

ザ・オアシス(旧ウォーキング・ストリート)
細長い抜け道アーケード

6

タラン通りと、その一本奥のディブック通りを結ぶ細長いアーケード街。おみやげ、ドリンク、軽食などの店が並びます。

Krabi Rd
クラビ通り

タイベトロの
アイスクリームでひと休み

P.41で紹介している手づくりワッフルコーンのアイスクリームが大人気の店。写真を撮るのもお忘れなく。

8

9

カシコン銀行や
オンオンホテルの前で写真撮影

昔ながらの建築スタイルの立派な銀行やP.116で紹介しているレトロなホテルがあります。ドアのレプリカや赤いポスト、イスなどの前で撮影を。

**4 タラン通りを
クラビ通り側へ歩く**

帽子、バッグ、Tシャツ、ドレス
の店など。P.74〜75で紹介
している店もこのあたりに♪

3 ソイ・ロマニーを散策

ピンク色の建物が目印の
細い路地。カフェ、アイス
店、おみやげ店、ゲストハウ
スなどが並んでいます。

Yaowarat Rd
ヤワラート通り

Dibuk Rd
ディブック通り

歩いてすぐ

歩いて2分

歩いて約1分

歩いて約5分

歩いて約1分

歩いて約1分

約2分

Thepkrasatree Rd
テープカサトリ通り

Start!

歩いて約3分

Thalang Rd
タラン通り

8

歩いて3分

**ソイ・ロマニー入り口の
ウォールアート前で
写真撮影**

**タラン通り
入り口からスタート**

タラン通りは一方通行。テ
ープカサトリ通りとの交差
点が入り口です。日曜夕方
は歩行者天国になり出店
が並びます。

Goal!

Phangnga Rd
パンガー通り

9

コピティアムで食事

P.96で紹介しているプーケッ
ト華僑の伝統料理。焼きビー
フンなどの麺類がおススメ!

2枚のウォールアート
が並ぶ写真スポット。
ベンチなども置いてあ
るので、座ってポーズ
をとることもできます。

古い邸宅とプーケットの伝統を訪ねる

【所要時間】
サクサク回って約2時間、
ゆったり遊んで約3時間
※食事時間は含みません。

シノ・ヨーロピアンの建物が立ち並ぶ
オールド・タウン。せっかくなので外
から見るだけでなく、お屋敷を見学し
てみてはいかがでしょうか。まだ冷房
などがなかった時代、涼をとるために
つくられた高い吹き抜けの天井をな
がめて、昔に思いを馳せてみましょう。
シンプラチャー・ハウスなどではプー
ケットの伝統衣装を着ることができた
りもしますよ。

シンプラチャー・ハウス

シノ・ヨーロピアン様式で一流
品を使ってつくられたぜいたく
なお屋敷。観光庁の指定観光
地にもなっています。

ブルー・エレファントで食事

P.90で紹介している
ゴージャスなタイ料
理レストラン。料理
も雰囲気もまるごと
ゆったり楽しんで。

Satun Rd
サトゥン通り

歩いてすぐ ②

歩いて1分 ③

① Start!

Krabi Rd
クラビ通り

歩いて2分

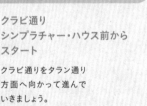

クラビ通り
シンプラチャー・ハウス前から
スタート

クラビ通りをタラン通り
方面へ向かって進んで
いきましょう。

アイ46でティータイム

P.40で紹介しているレトロなカフ
ェで、手づくりお菓子をつまみなが
ら店主と日本語でおしゃべりを。

Ranong Rd
ラノーン通り

エンドレス・サマーで
ショッピング

P.74で紹介している
一軒家セレクトショッ
プ。建物の写真を撮っ
たり、センスある雑貨
を探したりしてみて。

8

王様のウォールアート前で写真撮影

コース1にも入って
いる、ラマ9世が描
かれたウォールアー
トの前を通ります。

7

8 Goal!

歩いて1分

7

Dibuk Rd
ディブック通り

Yaowarat Rd
ヤワラート通り

6

タイフア博物館を見学

かつて学校だった建物が博
物館として公開されています。
外観も素敵ですが、余裕があ
れば館内もぜひ見学を。

4

6

歩いて3分

歩いて1分

歩いて1分

5

Thalang Rd
タラン通り

マーケットで写真撮影

タイで有名なストリート・ア
ーティスト、アレックス・フェ
イスのウォールアートは必
見。ダウンタウン市場への抜
け道にあります。時間があれ
ばダウンタウン市場とラノー
ン通りの生鮮市場も回って
みましょう。

5

お散歩中の必見スポット

オールド・タウンの見どころ

モデルコースのなかで登場した、
オススメの立ち寄り場所をご紹介します。

パンガー通りのあんかけそば店の壁にある
アレックス・フェイスの作品。向かいの壁
にも中国の獅子舞が描かれている。

Wall Art
▶ ウォールアート

　オールド・タウンのあちこちに
点在するストリートアート。生活
のひとコマをモチーフにしたもの
が多いのですが、動物や王様が
描かれている場所もあり、統一
性はありません。なかにはアーティ
ストに依頼しているものもあり、
特に有名なのが、タイ国内でうさ
ぎのモチーフの絵で知られるアー
ティスト、アレックス・フェイス
（ちなみにうさぎの名前はマルデ
ィといいます）。タイのバンクシー
と呼ばれる彼の絵は、タラン通り、
クラビ通り、パンガー通りで見ら
れ、かわいらしいなかに風刺が
込められています。そのほか美
術学校の生徒が描いているもの
もあります。このようなアートは、
長く保存されているものもありま
すが、急に消されたり、違うもの
が描かれたりすることもあります。

上：ダウンタウン市場の壁に描かれてい
るアレックス・フェイスの絵。市場とクラ
ビ通りがつながる細い路地にある。／下：
こちらもアレックス・フェイス作。ソイ・ロ
マニー入り口にある。ベンチが置いてある
ので座って写真を撮ることもできる。

ディブック通りにあるラマ9世の肖
像アート。何度か上書きされて現
在はこの絵に落ち着いているが、ま
た変わる可能性も。

左から／細い柱に描かれたアート。本当にわずかなすき間に描
かれることも。／カフェの入り口。周辺はギャラリーも多く、プロ
に依頼して描いてもらう店もある。／パンガー通りにある、昔な
がらの生活を描いた絵。中国色が強く出ている。作者不明。

通りのなかを進んでいくと、店ごとにイエロー、ブルー、グリーンなど、カラフルな色に塗り分けられている。

上：細い路地に並ぶピンクの建物が目を引く。ディスプレイがかわいいポストカード店にも立ち寄ってみて。／右：ドリンクとオーナメントを売る店。イイ感じに通りの雰囲気に溶け込んでいる。壁の隙間にもちょこっとウォールアートが。

Soi Rommani
▶ソイ・ロマニー

ソイ・ロマニーとは、タラン通りと並行するディブック通りとをつなぐ路地。入り口にあるピンク色の建物やウォールアートが人気となり、多くの人が訪れています。細い道の両側には、おみやげ店、ゲストハウス、カフェがぎっしり立ち並びます。つきあたりにお寺があるので、モダンな通りの奥にタイ寺院が見えるという不思議な光景に出会える場所です。

タラン通り側には麦わら帽子とかごバッグを売る店が多い。200バーツぐらいからと手頃な価格。

THE OASIS
▶ザ・オアシス

こちらもタラン通りとディブック通りをつなぐ道ですが、建物のなかを通りぬける屋内遊歩道になっています。店はアクセサリーや衣類などのおみやげが中心。入り口に両替所、なかにはトイレも完備。飲食店があり、少し冷房が効いている場所もあるので、ひと休みするのにも便利な場所です。ディブック通り側を出ると王様のウォールアートが目の前です。

ちょうど中央にあるカフェは観葉植物があちこちに置かれ、オアシスといった言葉が似合う雰囲気に。この周辺は冷房が効いているので涼める。

ディブック通り側、王様のウォールアート前にある入り口。かつてウォーキング・ストリートという名前だった頃は市場のような雰囲気だったがモダンな装飾に。

外から2階へ上がる階段上になんとシャンデリア。このあたりにある3軒の立派なシノ・ヨーロピアン建築の銀行のなかでもカシコン銀行は写真映えNo.1。

上：建物1階にあるポスト。この前には写真撮影の順番待ちの人が並ぶことも。ATMもスタイルになじむように囲いにひと工夫あり。／右：近くで見る建物は大迫力！ 本当に銀行？ と圧倒される。通常業務も行っているので両替も可。夜はライトアップされる。

KASIKORN BANK
▶カシコン銀行

オールド・タウンの銀行には、シノ・ヨーロピアン様式で建てられているところが数か所あります。なかでもパンガー通りにあるカシコン銀行1階のATM横は人気の写真スポット。赤いクラシカルなポストとイス、飾りドアがあります。ほかにもラサダ通りにあるアユタヤ銀行やサイアムコマーシャル銀行も立派な建物なので足をのばしてみてはいかが？

📍 14 Phangnga Rd.

Thai Hua Museum
▶タイフア博物館

当時の教室の様子を再現した部屋。古い教科書、中国語の書物、タイプライター、楽器などを保存、展示。

上：ほかのシノ・ヨーロピアン建築と少し違って学校らしい面持ち。ここも中央が吹き抜けで教室は周囲に配置。／左：すず鉱山の掘削道具を展示する部屋。当時の写真では作業は人力。栄華の裏の過酷な労働がうかがえる。

当初はタイフア学校という名前で1934年に建築されました。中国語教育を中心とする学校として、何度か名前を変更しながら2001年まで使われていました。その後、旧学校校舎が博物館となり、一般公開されています。中国から移り住んだ人びとのプーケットでの歩みが展示されており、往時の文化や歴史を知ることができます。学校だった当時の教室の様子を再現した部屋もあります。

📍 28 Krabi Rd. ／ 📞 076-211224 ／ 🌐 thaihuamuseum.com
🕐 9:00～17:00、無休／💰 200B

🔭 Chinpracha House
▶ シンプラチャー・ハウス

衣装部屋には衣類や装飾品、靴などが展示されている。刺繍の靴はとてもかわいい。じっくり鑑賞してみて。

シノ・ヨーロピアン建築を細部までじっくり見たい人は、タイ政府観光庁も推奨しているこちらへどうぞ。1903年に建てられたプラティタック・シンプラチャー氏の邸宅です。在住中国人のまとめ役を担っていた人で、王様から高い位を与えられていました。イタリアから取り寄せたセラミックタイルは歩くとひんやり。台所や調理器具、置物なども当時のまま。屋敷中央の吹き抜け部分に配された池の美しさにはため息が出ます。

家の中央には通常は井戸がつくられるが、ここは大きな池がある。上に屋根がないので、池に雨が降ることも。

上：立派なお屋敷はもちろん、庭や駐車場なども含めるとかなり広い敷地。／右：当時のキッチンを再現。石の台の下に木炭を入れて調理する。

- 📍 98 Krabi Rd,
- 📞 076-211281、076-211167
- ⏰ 09:00〜17:00、無休
- 💰 寄付150B要

🔭 Down Town Plaza & Central Market
▶ ダウンタウン市場 & セントラル・マーケット

小さな敷地にパラソルを開いた店が連なるダウンタウン市場。

ラノーン通りにある生鮮市場です。以前はこのあたり一帯が大きな市場でしたが、現在はクラビ通りとの間、ダウンタウン市場と呼ばれる一角などに残っています。観光地化された市場とは異なり、まさに地元の人たちの台所の香りが残る市場です。有名なタイ人アーティスト、アレックス・フェイスのうさぎのウォールアートもこの市場の奥にあるのでチェック！

上：セントラル・マーケットは地元では「タラート・ソッド」と呼ばれ、野菜や生花、日用品などが売られている。向かいの路地がダウンタウン市場に通じる。／右：クラビ通りからダウンタウン市場へ抜ける道へは、この看板を左に入る。バイク一台がギリギリ通れるくらいの細さ。抜けるとすぐにウォールアートが見える。

i46 Old Town
▶アイ46 オールド・タウン

この街の歴史を日本語で知る

　シノ・ヨーロピアン様式の建物を利用したカフェでは、手づくりのお菓子とコーヒーやお茶などを楽しめます。オーナーのノンさんとお菓子づくり担当の奥さんが夫婦で経営。ノンさんのおじいさんは、すず鉱山貿易でイギリスと取引をしていた人で、自宅を兼ねたこの建物は彼が約80年前に建てました。店は当時の取引の記録や写真、家具などを展示するミニ資料館にもなっています。うれしいことにノンさんは日本語がペラペラ。私は日本語で誰かと話したい時、つい立ち寄ってしまいます。プーケットの伝統的なお菓子とお茶のセットはめずらしいのでぜひ。

オーナーのノンさん（右）は日本語が達者。プーケットの歴史を日本語で詳しく聞くことができる貴重な場所。

タイではなかなかなじみのない習字体験ができる。タイ人の観光客にも人気のアクティビティ。

上：お菓子とお茶のセット150バーツ。お菓子のなかにはプーケット華僑の人たちが朝ごはんがわりに食べるものも。ドリンクはコーヒー、中国茶、豆乳から選べる。／左：入り口付近ではおみやげにもぴったりな雑貨を販売。奥にはテーブルとイスの置いてあるカフェスペースが。

📍 46 Krabi Rd, Talad Nua Amphur Muang Phuket
📞 086-6903647／🌐 i46oldtown.com/
🕐 11:00〜14:00、土曜休
🍴 英語メニュー◎
MAP P131📍A-2

シノ・ヨーロピアン様式の特徴である間口の狭い入り口。看板兼オブジェとして置いてある自転車が目印。

Thaivetro Ice Cream
▶ タイベトロ・アイスクリーム

自家製アイスとカラフルコーン

ローズのコーンと
チョコレートのアイス。
コクのあるチョコレートは
一番の人気
フレーバーだそう。

NEW

手づくりワッフルコーンは店頭で焼いている。アイスの色との
組み合わせを考えてオーダーするのも楽しい。

上：種類が多くて迷ってし
まうが、味見もさせてもらえ
るので気になるものがあれ
ば気軽にお願いしてみて。
／右：店の外観も内装も赤
色が目印。店内にイスはあ
るがあまり広くはないので、
食べ歩きがよさそう。

タラン通りとヤワラート通りの交差点そばにあるアイスクリーム店。フレーバーは70種類以上、味見もできます。甘味が強いプーケット・パイナップルを使ったアイスは絶品！ なかにはタイのおまんじゅうタオソーや青いマンゴーを使ったものなど個性的なフレーバーも。ヤクルトやクラティンデーン（タイのエナジードリンク）味には、私も目を疑いました（笑）。色とりどりのコーンは9種類。カラフルなアイスとコーンを持って、オールド・タウンで写真を撮るのがブームです。コーンは1スクープ89バーツ、2スクープ139バーツ。カップだと10バーツ引きです。

♀ 54 Yaowarat Rd, Tombol Talad Yai Amphur Muang Phuket
☎ 083-9198255／🖥 thaivetro-oldtown.com/
🕐 10:00〜18:00、無休／✗ 英語メニュー◎
MAP P131▶B-2

ココナツのコーンと
絶品プーケット・パイナップルのシャーベット。

หนัง (สือ) 2521

Bookhemian 2521
▶ ナングスー2521

古書に囲まれて楽しむコーヒー

カフェの外観。外の席の
テーブルはよく見るとミ
シン台になっている。

古い本がたくさんあっ
て図書館にいるような
気分に。アンティーク
のカメラやタイプライ
ター、コーヒーミルな
どが飾られている。

入り口近くのスペース
はカウンターがあり、
本屋のように壁側に
本が並んでいる。こち
らはエアコン席。この
奥はノンエアコンの席
になる。

タラン通りにオープンして15年のカフェ。「ナングスー」
とはタイ語で「本」、2521は店がオープンしたタイの仏暦
年です。以前は本がたくさんあるノンエアコンの小さなカ
フェでしたが、オールド・タウンの観光地化とともにカフェ
もモダンなしつらえになりました。カウンターのある通り側
は明るく、奥の部屋は秘密の図書館といった雰囲気。ガラ
ステーブルの天板下には印刷で使われる活字がディスプ
レイされています。お気に入りのドリンクとともに自分の時
間を静かに楽しむ人に長年愛されている店。クリーミーな
ピッコロラテ75バーツがおすすめ。

上：マシュマロ入りラテやオレンジフラ
ンベを飾ったものなどオシャレなドリン
クも多いが、やはり定番はグラスに入っ
たラテ75B。／右：一度席に座ると、つ
いつい長居してしまう居心地のよさ。太
陽の光や風がいい具合に入ってくる。

📍 61 Thalang Rd, Tombol Talad Yai
　 Amphur Muang Phuket
📞 081-7885901
📶 facebook.com/bookhemian/
🕐 10:00〜19:00、無休／✎ 英語メニュー◎
MAP P131◀A-3

Gallery Café by Pinky
▶ ギャラリー・カフェ・バイ・ピンキー

大きなガラス戸の入り口。この左右にもソファー席があり、街をながめながら食事ができる。

絵画と大きなソファーでリラックス

　ここプーケット・タウンに加えて、シャロン、チュンタレー、ナイハーン、と島内に4つの店舗を展開している人気のオシャレカフェ。フランスで料理を学んだタイ人女性オーナーが、オーストラリア人の旦那さんと経営しています。ここの食事は、おいしいのはもちろん、盛りつけもとても素敵。素材の味をいかしたやさしい味のブレックファーストは10種類あり、一日中注文できるのもうれしい！自家製ブレッドやスイーツもおいしいので、その分の胃袋も空けておきましょう。ギャラリー・カフェというだけあって、店内にはカラフルで大きな絵や絵皿が飾られています。

上：トーストの上にポーチドエッグとアボカド＆トマトのサラダがのったアボカドエッグ180B。／右：壁は絵が飾られたギャラリーに。料理が出てくるのを待つ間ながめているのも楽しい。

左：アップルベリークランブル・アイスクリーム添え130B。スイーツはブラウニー、スコーン、チーズケーキなどがある。／右：入り口そばにあるソファー席は居心地抜群の特等席。壁には大きな絵が飾られている。

📍 19 Yaowarad Rd, Tombol Talad Yai Amphur Muang Phuket
📞 076-211030／🌐 gallerycafesphuket.com/
🕐 8:00〜17:00、無休／🍴 英語メニュー◎
MAP P131 ▶ B-2

プーケット・タウンの
おすすめマーケット

日曜日は朝から観光客でにぎわうタラン通りだが、15時過ぎになると露店が並びはじめ、人がさらに集まってくる。

ถนนคนเดินภูเก็ต หลาดใหญ่

Lard Yai Sunday Walking Street Market
▶ラートヤイ・サンデー・ウォーキングストリート・マーケット

クレープは、生地を薄く伸ばすパフォーマンスもおもしろい。練乳、チョコなどトッピングもお好みで。

古きよきプーケットの伝統が香る市場

オールド・タウンの目抜き通りであるタラン通りでは、毎週日曜日の夕方から夜にかけてサンデー・マーケットが開催されます。歩行者天国となり、たくさんの屋台が連なりますが、島内のほかのマーケットにくらべると、プーケット伝統のものにこだわった雑貨や日用品、食べものが並ぶのが特徴です。歴史的価値のある街並みとマーケットが一緒に楽しめるのもここならでは！ 地元の人たちはもちろん、タイ国内や海外からもたくさんの観光客が訪れてにぎわいます。ストリートミュージックやパフォーマンスもあり、ベンチに座って見られる場所もあります。日曜日にプーケットにいるならぜひ足を運んでみてください。食べ歩きやショッピングをしながら、異国情緒がたっぷり味わえます。

上：好きなマシュマロやゼリーの串に、自分でチョコをつけるチョコレート・ファウンテンの店。子どもたちに大人気。／左：ソイ・ロマニーのウォールアート前にも屋台が並び、人が多くなるので、日曜日にアートの写真を撮りたい場合は早めの時間に！

右：地元の学生たちが行う演奏やパフォーマンスがあちこちで楽しめる。ベンチが置かれている場所もあるので、ひと休みしながら見ることも。／下：ダブルツリー・ホテルからの出張ベーカリー。市場価格で購入できるのはうれしい。

カオカームーと呼ばれる、豚足のせごはん。とろとろに煮込んだやわらかい豚肉をスパイシーなソースでいただく。

もち米やつぶしたバナナを葉に包み、焼いて食べるデザート。かなり甘いが、アツアツで香ばしさを楽しめる。

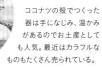

ココナツの殻でつくった器は手になじみ、温かみがあるのでお土産としても人気。最近はカラフルなものもたくさん売られている。

📍 Thalang Rd, Tambon Talat Yai Muang Phuket
📞 081-6779851
🌐 facebook.com/phuketwalkingstreet/
🕐 日曜16:00頃〜22:00頃
MAP P131▶A-2~3

แหลมพรหมเทพ

👀 **スマホとカメラは必携！**

プーケット屈指の
絶景スポット

フォトジェニックな場所にあふれているプーケット。
昔から親しまれている観光名所はもちろん、
美しい写真を撮ることができる新しいスポットも日々増えています。
行くのに少し不便な場所もありますが、
きっと記憶に残る景色となるはずです。

📷 **Rock Beach Swing**
▶ ロック・ビーチ・スイング

フォトジェニックな新名所

　SNSで話題の、カロンビューポイントの崖下にある
写真映えスポット。海沿いの高台で景色のいい場所
にあり、鳥の巣、天上への白い階段、花のブランコ、
ソファーなど、絵になるモチーフのオブジェがたくさ
ん。ドリンクバーでくつろぐこともできます。カップル
やハネムーナー、家族づれにもオススメです。大きな
ブランコを漕げば、海の上に飛んでいく気分が味わ
えます（利用は入場料に含まれます）。

写真スポットのなかでも人
気が高い「天国への階段」。
登っていく写真や、階段に
腰かけた写真など、いろい
ろなポーズで自由に楽し
んで。

右：眼下にダイナミックな岩場が広がる。青い海
と空をバックに絵画のようなベストショットを狙っ
てみて。／下：巨大ブランコは、空を飛んでいる
ような気分に。コルセットのようなもので身体を包
み込んでシートに固定するので、落ちる心配なし。

左下：イスやソファーは、敷地内のあちこちに配置
してある。ここはちょっと高いところにつくってあり、
横の階段から上がる。／右下：テーブルにはティー
ポットやカップなどの用意があるので、小道具を
使っておもしろい写真を撮ってみて。

Laem Promthep
▶プロムテープ岬

駐車場にあるサイン。売店やトイレはこの近く。ここから階段を上ると見晴らし台、灯台、岬の先端に出る。

プーケットの「しっぽ」が見られる?!

プーケットの観光名所でまず思い浮かぶのがここ、という人も多いと思います。島の最南端にある岬で、地図で見る形そのままの、島の「しっぽ」部分を見ることができます。高台にはラマ9世の王位50周年を記念して建てられた記念灯台と、パワースポットとして知られるゾウの置物がまつられた場所があります。サンセットが美しいことでも有名です。ただ、夕方は渋滞が起こるので、早めの移動がおすすめ。また、日没後の訪問は安全上避けたほうが無難です。

左：大海原に沈んでいくサンセットが見られる名所。日没時間前後は周辺道路が大渋滞するので、予定を組む時はそれも考慮して。／上：プーケットの最南端の「しっぽ」。下まで降りていくことができるが、柵などは一切ないので慎重に。

岬を見下ろすように建てられた灯台。なかは資料館になっており、無料で見学することができる。

Learnmumnai Tambol Karon Amphur Muang Phuket
プーケット・タウンから車で30分、パトン・ビーチから車で20分
063-0762046
facebook.com/Rockbeach2019
9:00～18:30、無休
入場料600B／MAP P129/D-1

Black Rock Viewpoint
▶ ブラック・ロック・ビューポイント

พาหินดำ

地元の人や国内観光客のみ知る絶景

ブーケットに何度も来たことがある人でもここは知らないという人も多い絶景ポイント。観光地化されていない分自然が多い。

　急な山道を300〜400mほど徒歩で上っていきます。崖の上からはラワイやシャロン、プロムテープ岬、ラチャ島やコーラル島までも見渡すことができます。途中「Black Rock」の看板から、二手に分かれている右側の道を行くと、もうひとつのビューポイント、ツイン・ロック・パーがあります。こちらはカタやカロンのビーチをながめることができます。どちらもタイ人しか知らない穴場絶景ポイント。すべりにくいサンダルと虫よけは忘れず、日没前には撤収しましょう。

左：ツイン・ロック・パーからの景色。カタ・ノイ・ビーチ、カタ・ビーチ、カロン・ビーチを望める。／右：車で行くことができないので険しい山道を登っていく。少々ハードなので紹介される機会は少ないが、その分特別な気分を味わえる。

📍 Tombol Karon Amphur Muang Phuket
ブーケット・タウンから車で30分、パトン・ビーチから車で40分
🕐 9:00〜18:00／**MAP** P129▼D-1

Sarasin Bridge
▶ サラシン橋

プーケットと
タイ本土を結ぶ橋

　全長660メートル、プーケットとタイ本土を結んでいます。「サラシン橋心中」という運転手と女学生の悲恋を描いた映画で有名な場所です。現在橋は3本かかっており、車が通行しているのはタオテプカサトリー橋という新しい橋。サラシンは旧橋で遊歩道として保存されています。展望台もあり、海からプーケットをながめるのも感慨深いです。

สะพานสารสิน

展望台の階段の出からプーケット全島を見たところ。プーケットの最北端の陸地が見える。左手が新しい橋。

左：奥にある白い建物が展望台。2階はかなり高く、風が強い時は飛ばされないかとドキドキすることも。／右：旧橋の遊歩道では釣り人の姿も多い。橋の上は日差しが強いので、新橋の下の日陰で釣っている人も。

📍 ブーケット・タウンから車で50分、パトン・ビーチから車で60分
※橋では県境検問があるのでパスポートの持参をおすすめ
MAP P130▼C-2

極楽スパ＆エステ

Spa & Beauty Treatment salon

Spa & Beauty Treatment salon
極楽スパ＆エステ

歴史ある
古式マッサージと
スパの融合

伝承医療から癒しへ

　タイでは昔から、病気の治療としてタイ古式マッサージと呼ばれる施術が行われていました。タイの伝承医学に基づいて、いわゆるマッサージに加え、指圧やストレッチ、整体などの要素を統合させたものです。治療のために行われていたマッサージが、リラクゼーション目的を主として「スパ」という施設でも行われるようになったのは、プーケットでは1990年あたりからではないかと思います。ホテルのなかにスパ施設をつくるところが増えてきて、現在では3ツ星以上のホテルならスパがあることがスタンダードになっています。また、

同じころに街中にも治療を目的としたマッサージ店のほかに、サウナやジャクジーを併設したローカルスパの店が増えていきました。

多彩なメニューがお手頃に

　プーケットで受けられるマッサージは、タイ古式マッサージはもちろん、スウェディッシュ・マッサージやハワイのロミロミ、バリニーズ・マッサージ、日本の指圧などインターナショナル。やはりおすすめはタイ古式マッサージですが、古式のテクニックをアロマオイル・マッサージとミックスしたオリジナルスタイルもあります。マッサージオイルもリラワディー（プルメリア）、ロータス（ハス）、

左から／バスタブいっぱいに浮かんだ花びらのぜいたくさと甘い香りにうっとり。／部屋はシングルのほかカップル・ルームがあるのでリクエストを。トリプル・ルームがある場合も。／半屋外になっているシャワーで開放的な気分を味わおう。

池やプールを敷地内に有するスパは多い。おだやかで涼しげな気持ちに。

アンチャン（バタフライピーフラワー）など、タイならではの種類と香りがあります。

　タイの街中のマッサージは、日本に比べるととってもお手頃価格。1時間300バーツ程度から受けられますし、スパも3000バーツくらいで2、3時間のコースメニューが楽しめます。ホテルのチェックイン前や、チェックアウト後に空港へ出発するまでの空き時間に利用するのもおすすめです。とくに帰国前にマッサージを受けると、旅の疲れが軽減されるように思います。

　リゾート感をたっぷり感じさせてくれるような、半屋外の開放感のあるスパや、豪華なヴィラでのトリートメントなども人気があります。是非滞在中に一度はスパ体験をしてみてください。

左から／スパの受付ではオイルやスクラブなどをディスプレイ。販売しているところもある。／ドーナツ形の枕にうつぶせに寝ると、お盆に浮かべた花が見える。細かい演出に感動。

左から／ベランダバスやジャクジーつきのスパでは、緑を近くに感じられて癒し度もアップ。／ディスプレイされたスパ製品。気に入った香りがあればおみやげに購入も。／部屋のちょっとした場所に花やハーブが飾られているのもうれしい気づかい。

Zense Spa Villa Zolitude
▶ゼンス・スパ・ヴィラ・ゾリチュード

森のなかにつくられた静寂のスパ

一番人気のオープン・トリートメント・ルーム。森に囲まれたなかにあるので、ヒーリング効果が高い。

　メインストリートからシャロンの山側への道を2kmほど入ったところに、隠れ家ホテル、ヴィラ・ゾリチュードがあります。高台につくられているので、森の向こうにはシャロン湾の海が見えます。森のなかの静寂が体験できるスパはこのホテルの施設で、プール沿いにトリートメント・ルームがつくられています。池やガーデンも見える部屋で、樹木に囲まれてのスパ・トリートメント。オープンエアのバスは特に人気で、緑の木もれ日のなかでヒーリング効果もたっぷり期待できます。花やフルーツを浮かべたミルクバスやフローラルバスはフォトジェニック。

森のなかに顔をのぞかせるヴィラがかわいい。木がよいぐあいに覆いとなり、隣のヴィラからは見えないようになっている。

左：日中は日差しが強く
なるので、利用は午前
中か夕方がゆったりでき
る。／下：風や緑の香り
を感じながらの極上マッ
サージ。木が多いせいか
日中でも涼しい風が吹く。

下：プールにトレイを浮
かべて食べる人気のフ
ローティング・ランチ。こ
ちらは2人用のセット。4
名用セットも。／右下：
フラワーバスには、お菓
子にも使われるパンダン
リーフを入れる。プルメ
リアとバラの花びらも一
緒に。

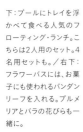

📍 53/25 Moo5 Soi Bann Nai Trok
　 Chaofa west Rd, Tombol Chalong Amphur Muang Phuket（Villa Zolitude内）
📞 076-521333／🛜 villazolitude.com／🕐 10:00〜20:00、無休
💲 アロマテラピー・マッサージ60分 1950B++、フラワーバス/ミルクバス30分 1950B++
🌸 英語メニュー◎
MAP P129 C-2

Breeze Spa
▶ ブリーズ・スパ

セールス・スタッフのパヴィニーさん。広いホテルの敷地のなかを歩いて案内する時でも笑顔を絶やさない。

海に浮かんでいるような極上スパ体験

スパの入り口は少し階段をのぼっていく。トリートメントが終わって外へ出るときはこの景色がみえる。

アジアと西洋をミックスしたマッサージは心地よいストロークですすみ、セラピストさんのテクニックについウトウト。

　オープンして30年以上の老舗ホテル、アマリ・プーケット。パトン・ビーチの南のいちばん端に位置するため、建物などが周りになく景観は抜群。パトンの海と自然をパノラマで楽しめます。ホテルの敷地のなかでも、山側の離れにあるブリーズ・スパは、ほぼオープンエア。うしろは森、まわりは海に囲まれているため、何にも邪魔されない開放感。どこまでも広がる海の迫力をひとりじめしながら、スパ・トリートメントを受けられます。スパ・ルームは4部屋、ジャクジーつきは1部屋のみ、とプライベート感もたっぷりなので、是非事前予約をおすすめします。

📍 2 Meun-Ngern Rd,
Tombol Patong Amphur Kathu Phuket（Amari Phuket Hotel内）
📞 076-340804／🛜 amari.com/phuket
🕐 11:00〜21:00（最終受付19:00）、無休
💰 シグネチャー・ムエタイ・マッサージ 90分4100B++／120分4700B++、
プーケット・ココ・マッサージ 150分4700B++
MAP P130▼D-1

1部屋のみのジャクジーつきルームは要リクエスト。もちろんジャクジーなしの部屋でも海のながめを十分楽しめる。

ボディースクラブやマスクに使われるのは、マンゴーやメロンなどタイのフルーツを使ったトロピカルな香りのペースト。

受付ではまず冷たいハーブドリンクとおしぼりでひと息ついて、ゆっくりトリートメントの説明を受ける。

Banyan Tree Spa
▶バニヤンツリー・スパ

数々の賞を受賞した有名スパ

　バニヤンツリー・ホテル内にあるスパ。1994年にオープンし、プーケットでのスパブームの先駆けとなりました。受付の奥には南国らしいヴィラが点在しています。一つひとつ門がある、ぜいたくな完全独立ヴィラのトリートメント・ルームです。装飾は伝統的なタイ・スタイル。建物のまわりは池のようになっており、半屋外のバスタブやシャワーがあります。「ナチュラル＆トロピカル」をコンセプトに、天然のハーブやスパイスからつくられたオイルやスクラブを使用。エキゾチックで独特な香りを楽しめます。花をたっぷり使ったフラワーバスは忘れられない経験になるはず。

ヴィラの扉を開けると、花びらを浮かべたボウルが目に入る。ここで軽く足を洗ってもらうのがトリートメントの最初の儀式。

上：高級ホテルのスパらしい優雅な受付。スパ製品の販売もしているので、気にいったら持ち帰りもできる。／右：バスタブの花たちがちゃんと上向きで美しく見えるよう、ひとつずつていねいに浮かべている。

上：一軒家ヴィラスタイルのトリートメント・ルームは、全体が落ち着いた色でまとめられている。／下：すべてのトリートメント・ルームの入り口には、こんなかわいい門が。扉の上にはヴィラの名前が書かれている

📍 33·33/27 Moo 4 Srisoonthorn Rd, Tombol Cherntalay Amphur Thalang Phuket（Banyan Tree Phuket内）
📞 076-372400
📶 banyantree.com/en/thailand/phuket/spa
🕐 10:00〜20:00（最終受付18:00）、無休
💲 タイ・クラシック・マッサージ 60分5000B++／90分6000B++、シグネチャー・トリートメント 90分7000B++
MAP P128▸A-1

The Oasis Spa Sky Breeze
▶ジ・オアシス・スパ・スカイブリーズ

丘の上からカロンの海と街を一望

　タイの主要都市に複数の支店を持つオアシス・スパ。ローカルスパでありながらも、高級ホテルのスパと遜色ない施設、トリートメント内容、サービスが人気です。特にセラピスト教育はしっかりしており、ここに来ると自分がお姫さまになったのかと毎回勘違いしてしまいます。丘の上にあるので景色は最高。海が見えるトリートメント・ルームや、屋上には1室のみのルーフトップ・ルームがあり、屋外シャワー、ソファー、マッサージベッドがあります。タイの伝統に忠実に、クラシックなテクニックとタイハーブにこだわっていて、タイらしさを強く感じることができるスパです。

上：トリートメント・ルームへの移動には、細い廊下を歩く。／右下：トリートメントに使うハーバルボール。こぶみかん、生姜などを合わせておしゃれにデコレーション。

小高い丘の上にあるロビー。山の上にあるビッグブッダの側面が見える。ここでマッサージ後のお茶を飲むのがとても気持ちいい。

左：屋上にあるシッティング・スペースはルーフトップ・ルーム利用客専用。4時間以上のパッケージを選ぶと優先されるよう。／右：山の向こうに少し海が見えるシービューのトリートメント・ルーム。予約の際にリクエストしておくとよい。

📍 26 soi Plukjae Tombol Karon Phuket
📞 076-337777
🌐 oasisspa.net/jp/destination/phuket/
🕐 10:00〜22:00 、無休
💲 キング・オブ・オアシス
　（マッサージ＋ハーバルボール）、
　クイーン・オブ・オアシス
　（マッサージ＋ホットストーン）
　ともに120分3900B++
MAP P129 ◀D-1

Suuko Wellness & Spa Resort
▶ スコー・ウェルネス＆スパ・リゾート

トリートメント・ルームまでは緑の生い茂る庭を見ながら長い廊下を徒歩で移動。

スパを通じてタイのスピリットに触れる

ヴィラルームのバスは、カーテンを開けると森に囲まれた景色が見える。

上：ヴィラルームには広いバルコニーが。鳥のさえずりを聞きながらソファーでリラックス。／左：3人一緒に受けられるトリプル・ルーム。

全体が森に囲まれているのでプライベート感が高い。プールの前には水の流れる水路も。プールの利用は予約時に希望して。

2003年に「スコー・カルチャラル・スパ」としてオープンし、その後宿泊ヴィラを増築。現在は名前もスパ・リゾートになっています。入リ口にはガネーシャ像と大きなドラ、さらに階段を上っていくと宮殿のような吹き抜けのロビーが目の前に開けてビックリ。タイの伝統やいいつたえを取り入れた設えになっていて、トリートメントの前についつい写真を撮るのに夢中になってしまいます。スパ専用の棟がありますが、オススメはホテル・ヴィラ内でのトリートメント（要事前リクエスト）。室内にサウナもあり、山の景色に囲まれてゆったり過ごせます。

📍 5/10 Moo 3 Chaofa West Rd,
　Tombol Visit Amphur Muang Phuket
📞 076-530456
📶 Suukowellness.com
🕐 10:00～22:00（最終受付18:00）、無休
💰 リラクシング・サイアム・マッサージ60分1300B++、
　アップリフティング・マッサージ 90分2500B++
MAP P129 C-2

Baray Spa
▶バライ・スパ

モロッコ調の異国情緒あふれるスパ

　カタビーチのホテル、サワディー・ビレッジ内にあるスパで、タイ観光庁が選ぶ、「タイのベストスパ50」にも選出されています。プーケットには珍しいモロッコ調の装飾が非日常へいざなってくれます。金色で統一された王宮のようにきらびやかな室内でトリートメントを受ければ、アラブのお姫さまになった気分に。4部屋あるVIPルームは広々としていて、プライベートバスやサウナ、半屋外シャワーつき。人気は額にオイルを流すケサ・トリートメント。このスパを訪れる時は、ゆっくり時間をとってトリートメントも雰囲気も存分に堪能してください。

受付にはタイの絵画や仏像も飾られているが、装飾はモロッコスタイルとのミックス。

VIPルームには室内にプライベートサウナやバスがついている。シャワーは天井がオープンの半屋外

バスやサウナを利用する時はバティックの布を着る。セラピストが一枚の布を手早く巻いてくれる。

プルメリアの花がたくさん飾られたこの階段のある部屋でミルクバスの写真を撮るのが、ひそかに人気になっている。

📍 38 Katekwan Rd,
　Tombol Karon Amphur Muang Phuket
　(Sawasdee Village内)
📞 076-330979
🌐 phuketsawasdee.com/
🕐 10:00〜22:00(最終受付19:00)、無休
💰 ケサ・リリースマッサージ60分2500B、
　シグネチャー・トリートメント 90分2500B
MAP P129◀C-1

Tarntara Spa
▶ タンタラー・スパ

スパメニューは60種類以上

　1998年にオープンした老舗スパのひとつ。シャロン寺院からも近く、観光の前後に立ち寄る人も。人気メニューはタイマッサージとハーバルボールを使ったホットコンプレス。タイ米やタイシルク、真珠、ゴールドなどを使ったメニューもあります。セラピストは試験や顧客の評価で昇格するシステムのため、サービスと技術の高いレベルが保たれています。

上：タイの装飾で統一された入り口。正面のロビーカウンターの裏はプール、横はレストランになっている。／左：プールの向こうは貯水池になっているので、涼し気な景色が続く。ドリンクのオーダーもできる。

 ♀ 58/11 Moo 6 Chofa Rd,
　Tombol Chalong Amphur Muang Phuket
 ☎ 076-521750／🌐 tarntaraspa.com/
 🕐 9:00～22:00（最終受付19:30）、無休
 💰 タイマッサージ＋ホットコンプレス 90分1500B、シロダーラマッサージ 90分2700B
 MAP P129◀C-2

セラピスト2人が同時にマッサージを行うノラテラピーが含まれたパッケージもおすすめ。2時間3500バーツ。

Mookda Spa
▶ ムックダー・スパ

日本人スタッフ常駐で心強い

　日本人のスタッフがいるので、初めてスパを体験する人や言葉の不安がある人も安心。ロビー脇には池が広がっていて、ここでウェルカムドリンクを飲むと一気に癒されモードに。ナチュラルな地形をいかしたジャクジーやマッサージのあずまやなどにもリゾート感があふれています。併設のレストランではカオマンガイなどのタイ料理も食べられます。

カップル・ルームはエアコンつきと、エアコンなしがある。エアコンつきルームに置かれたタオルアートの白鳥がかわいい。

上：入り口にはソファーが置いてあるので、スパのロゴをバックに写真を撮る人も多い。／左：アロマオイルのセラミックボトル。アロママッサージは、オイルの香りを試して選ぶことができる。

 ♀ 75/18 Moo6 Vichitsongkram Rd,
　Tombol Kathu Muang Phuket
 ☎ 076-321844／🌐 mookdaspa.com/ja
 🕐 9:00～22:00（最終受付18:00）、無休
 💰 ムックダー・ナチュラルタイ 150分 2400B、
　ムックダー・アロエヴェラサンバーン 180分 3300B
 MAP P128◀B-2

The Raintree Spa
▶ザ・レインツリー・スパ

レインツリーの大樹に癒される

　シノハウスというホテルのなかにあります。古くからある建物をそのまま利用しており、ロビーからは樹齢100年以上のレインツリー（モンキーポッド／アメリカネムノキ）が見えます。オールド・タウンにも近く便利な立地ですが、建物のなかはとても静か。トロピカルフルーツを使ったトリートメントなど、タイならではのスパ体験ができます。

上：スパの入り口。ここは昔すず鉱山貿易会社の事務所だったようで、立派な建物なのも納得。／右：施設の真ん中にある大木を囲むようにロビーやトリートメント・ルームがつくられている。

♀ 1 Montree Rd, Tombol Talad Yai Amphur Muang Phuket（Sino House Hotel内）
☏ 076-232054／🛜 theraintreespa.com/
🕐 10:00〜21:30（最終受付18:00）、無休
💲 リラクシング・ホットオイル・マッサージ 90分1800B、トロピカルフルーツ・トリートメント120分 2400B
MAP P130◀B-2

トリートメント・ルームには、シングルベッド・ルームと、カップル・ルームがある。バスタブつきの部屋も。

ロビーは中国系の装飾。トリートメント後は中国茶が供される。

Kim's Massage
▶キムズマッサージ

お手頃価格で大満足のマッサージ店

　1999年にプーケット・タウンに1号店（**MAP** P130◀B-2）が開業してから20年以上の歴史を持つ、金（キム）オーナーの老舗マッサージ店。現在は島内に10店舗以上をもつ人気店です。リーズナブルな価格設定ですが、マッサージ・チェアやタオル、着替え用のタイパンツなどの備品も新しくて清潔。セラピストの腕がよく、地元の人から根強い支持を得ています。

上：ほとんどの利用客がオーダーするフット・マッサージ。天井から入る光が心地よく、ついうとうと。／左：奥の部屋には大きめのマッサージ・チェアがずらり。深くリクライニングする上にふかふかの座り心地。

9号店
♀ 33 Yaowarat Rd. Tombol Talad Nua Amphur Muang Phuket
☏ 076-530600／🛜 kimsmassagespa.com/
🕐 10:00〜22:30、無休
💲 トラディショナル・マッサージ＋フット＆ハンド・リフレクソロジー 90分500B、アロマオイル・マッサージ＋フット＆ハンド・リフレクソロジー 90分700B
MAP P131◀B-2

プーケットの癒しとキレイをお持ち帰り!

おすすめスパアイテム

たくさんのアロマグッズが生活に根づいているタイ。
スーパーマーケットやおみやげ店でも必ず売っていますし、
スパではトリートメントで使っているものを併設ショップで販売していることも多いです。
アンチャン(バタフライピーフラワー)のアロマや青い色はとても
タイらしくておすすめ。旅行中に出会った
お気に入りの香りがあれば、ぜひおみやげに。

Relax

アロマディフューザー

アロマボトルからバニラのよい香りが漂うディフューザー。白いバラの花びらは部屋のインテリアとしてもかわいい。
390B C

アンダマン・バスクリスタル

サラサラのアロマソルトが入ったパウダー状のバスソルト。少量でもよい香りが広がります。
120g150B B

ディープ・カーミング・スリープ・バーム

こめかみや首筋などに塗って、軽くマッサージすることで、心身をリラックスさせ、心地よい眠りへといざなってくれます。290B C

アロエヴェラ・フェイス・セラム・ジェル

7種類のフルーツやハーブがブレンドされた、ぷるぷるジェル。アロエが肌を優しく包んでくれます。490B A

Face

HB エクストラクト・フェイシャル・マスク・シート

ブーケットを代表する産業のひとつ、ゴムの木の樹液を配合したマスク。木の生命力がぎゅっと詰まったマスクで肌を活性化。600B C

タナカー・パウダー

東南アジアに生息するタナカーという木が原料。美白、美肌効果があり、日焼け止めやアンチエイジングとして優れモノ。クリームに混ぜてスクラブやパックに。150B A

Body

ブルーコラーゲン・ボディ・セラム

アンチャンの香りのボディクリーム。SPF50の日焼け止めとトリートメントの効果があります。220B A

モイスチャライジング・ヒール・バーム

かかとのカサカサをケアするのにオススメのバーム。保湿効果が高いバナナエキスが入っており、香りもほんのりと甘い。25g80B C

バスト・クリーム

プエラリアが入ったバスト・クリームは、マッサージすることで肌のハリをキープ。豊胸効果もあるとか？ないとか？1490B D

ホホバ・ビーズ・ボディ・スクラブ

クリーム状のスクラブで、ほどよいつぶつぶ感。保湿効果もあるので、スクラブのあと、肌がしっとりします。280B B

アルム石

制汗剤として使われるアルム石とはミョウバンの結晶のこと。スーパーでも手に入り、安くて長持ちします。150B（写真の商品は D）

Soap

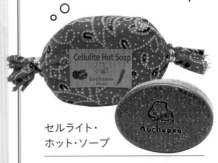

ツバメの巣石けん

しみ、しわ、くすみによいとされるシアル酸をたっぷり含んだツバメの巣。朝晩の洗顔でアンチエイジング♪490B D

マダム・ヘン石けん

タイで古くから使われているハーブ石鹸。洗うとスーッと爽快感があり、肌がモチモチした感触に。いくつかのパッケージデザイン有。40B E

セルライト・ホット・ソープ

コーヒーや黒コショウ、唐辛子の入った、身体の新陳代謝を促すスパイスソープ。デトックスや脚のむくみなどにも。150B A

Hair

アンチャン・シャンプー

アンチャンは抜け毛を減らしたり、育毛したりする効果があるそうなので、気になる人は使ってみて。490B A

ココナツ・ヘアマスク

髪のパサつき、抜け毛、薄毛、紫外線、フケなど、さまざまな髪のトラブルに。シャンプー前に使用します。490B D

アンチャン・ヘア・セラム

育毛効果があるとされるアンチャンのセラム。パサついた髪にツヤを与えたり、広がった髪をまとめたりする効果も。490B D

🛒 紹介した商品は、ここで買いました！

 Gochapan
▶ゴチャパン(P.68)

 Lemongrass House
▶レモングラス・ハウス(P.69)

 Mookda Spa
▶ムックダー・スパ(P.60)

 O'Natural
▶オーナチュラル(P.70)

 Bic C
▶ビッグ・シー・スーパーマーケット(P.84)

　＊表記価格は購入店のものです。

プーケットでショッピング

Shopping in Phuket

Shopping
in Phuket
プーケットでショッピング

テナントショップが集まった大きなショッピングモールは買いものも食事もできて便利。

左から／パステルカラーの絞り染めワンピースは同じ柄はない一点もの。ビーチにも映える。／オールド・タウンには雑貨屋やセレクトショップが集まる。お気に入りの店を探すのも楽しい。

露店から専門店まで
買いものパラダイス

プーケットで育ったサトウキビでつくられたラム酒。

麦わら帽子は種類がたくさんあり、あちこちで売られているので、現地で選んでみても。

目的別に選べるスポット

観光地プーケットには、あちこちにおみやげを売る店があります。滞在時間が限られていたり、買いものは短時間におさめたかったりする場合は、プーケットの名産品を集めたおみやげ店が便利。一か所でいろいろなものがそろいますし、すぐに渡せるかわいいパッケージになっています。

ぶらぶらしながら探すなら、小売店からチェーン店まで数多く集まるショッピングモールやスーパーマーケットをのぞいてみましょう。バラマキ用のおみやげや、大量買いをしたい時にも便利です。

プーケットで採れた果物やハーブを使ったアロマハンドクリーム。

ゾウさんモチーフの小物や雑貨はかわいいものから個性的なものまで種類もたくさん。

左から／春から夏に活躍するかごバッグ。大きさやデザインの種類が多く、かわいくて目移りする。／パトン・ビーチのショッピングモール、ジャングセイロンでは、たいていのものがそろう。

商品をレジに持って行って会計をするのは日本と一緒ですので、一番買いものがしやすいと思います。支払いにはクレジットカードも使えます。

　雰囲気も楽しむなら、島内に複数出ている市場が人気です。地元の人向けの露店が並ぶので、日本では見ないような変わったものに出会えるかも。もちろん食べ歩きも一緒に楽しんで!

値切りも醍醐味?!

　プーケットならではのこだわりの一品を探すなら、専門店がおすすめです。プーケットの名産品としては、カシューナッツ、ドライフルーツ、バティック（ろうけつ染め生地)、セラミック、お酒（特にラム)、真珠、スパ製品、南国リゾートらしいサンダルやワンピース、パレオなどがあります。それぞれ専門店があります。

　露店や市場では値札がないところもあるので、その場合は値段交渉が必要です。だいたいの相場を把握するには、まず値段がひと目でわかるス

ーパーマーケットやデパートに行ってみるとよいでしょう。

　露店や市場で買いものをする時のポイントは、値段がないものについてはとりあえず値切ってみること。複数個買えばほとんどの店は値引きをしてくれます。気をつけたいのは、タイではブランドもののコピー製品や海賊版が売られていることがあります。それらはよく見れば素人目にも本物とは異なることがわかりますし、日本への持ち込みも禁止されていますのでご注意を。

ワンピースはフリーサイズが多くて選びやすい。日本ではあまりないデザインや柄を探してみて。

Gochapan
▶ゴチャパン

店は大通りに面している。店名が大きく描かれた垂れ幕看板が目印。

手づくり大好きな日本人オーナーの店

カラフルなモン族のバッグは左から
6900B、2690B、1290B、7900B。

上：アロマグッズは日本語の説明チラシが棚に置いてあるので、忘れずに持ち帰ろう。／右：上段はアロマボトル。下段はタイ古式マッサージで使うハーバルボール。一つひとつ柄が違う。

　タイ人と結婚した日本人女性が店長をつとめるおみやげ店。「ゴチャパン」とは、店長の娘さんのタイ名だそうです。ハンドメイドが大好きで、アロマグッズから小物まで自分で企画。自身が手づくりしたものや特注ものも多く、ここでしか手にはいらないものも。小さな店ですが、プーケットのお菓子や服、バッグや小物が店内にぎゅっと詰まっています。特にアロマ製品は大充実なうえ、日本語で効能や使い方などが書かれた紙が添えられているので、もらった人も分かりやすく、よろこばれそう。モン族の一点ものは要チェック。店長の商品への愛ある説明に耳を傾けながら、買いものを楽しんでください。

店長の愛香さん。
オリジナル
Tシャツ290B、
サルエルパンツ
390B。

📍 38/2 Moo 3 Tombol Vichit Amphur Muang Phuket
📞 076-606603、091-0418147 (店長在店時のみ日本語可)
🌐 phuket-gochapanshop.com
🕘 9:00〜19:00、無休
MAP P129 C-2

Lemongrass House
▶ レモングラス・ハウス

来店時には、ラグーナに向かって手前にあるガソリンスタンドPTTの青い看板を目印に。

タイから世界に進出したスパ製品

上：さまざまな種類の商品が並ぶ明るい店内はオープンエアで気持ちのいい風が吹き抜ける。／左：瓶入りマッサージオイルは100ml150Bと250ml250Bの2種類。／右：ソープは2種類。ハート90B、スクエア140B。甘い香りのロイヤルロータスがおすすめ。

オリジナルハーブティー。レモングラスティーは、身体の余分な水分の排出を助けてくれる。

📍 10/2 Moo 1 Tombol Cherngtalay Amphur Thalang Phuket
📞 076-325501 ／ 🌐 lemongrasshouse.com
🕘 9:00〜20:00、無休
MAP P128 ◢ A-1
プーケットタウン店 **MAP** P131 ◢ B-2
スリン店 **MAP** P128 ◢ A-1
ラワイ店 **MAP** P129 ◢ D-2
カロン店 **MAP** P129 ◢ C-1

　アメリカ人のボビーさんが1996年にバンコク郊外のノンタブリーに設立したスパブランド。その後プーケットに工場と直販ショップをつくりました。今や世界15か国に輸出しています。プーケットで製造されているスパ製品としては、現在もっとも有名ではないかと思います。島内の販売店舗も、ラグーナそばにあるチュンタレーの本店を含み5店舗に拡大。容器はロゴシールが貼られているシンプルなものですが、プーケットの素朴な雰囲気とよく合っています。ボディ用はもちろん、フェイシャル製品も充実しており、子ども用やペット用までそろっています。

O'Natural
▶オーナチュラル

スパ製品で島の産業を支援

　政府が推奨する産業支援プロジェクトに参加
し、プーケットで採れるパイナップルやココナツ、
ヤギのミルクなどを製品に配合しています。しか
も店舗に併設する工場でつくられている純正プ
ーケット産。バームが有名ですが、特に不眠や頭
痛に効き、寝つきをよくするスリープバームはお
すすめ。オフィスワークによる肩こりや背中のこり
に悩む人には、ひんやりがクセになるアイシーバ
ームを。バナナ・ヒールバームはかかと専用。カ
チカチになった皮膚も柔らかくなります。パッケ
ージがかわいい石けんやハンドクリームもおみや
げに喜ばれます。

上：種類豊富なバーム
類。乾燥防止やコリや緊
張の緩和など効果もさま
ざま。／左：人気のココ
ナツオイル。肌の若返り
や保湿効果に優れる。

プーケットタウンの集合住
宅街の一角にあるショップ
の入り口。となりは工場に
なっている。

上：製品ごとにたくさんの香
りの種類が。サンプルの香り
を試して選んでみて。／右：
ご主人と二人三脚で店を経
営するクウェンさん。製品開
発にも積極的で、行くたび新
しいものに出会える。

📍 100/191 Moo 5 Chalermprakiet Rama 9th Rd,
　Tombol Rasada Amphur Muang Phuket
📞 081-9705461、089-4713253
📶 onaturalspa.com/
🕐 9:00〜18:00、無休
MAP P128 B-2

Ceramics of Phuket
▶ セラミックス・オブ・プーケット

表玄関にはガラス戸の入り口
があるが、横の駐車場側から
見るとオープンエア。

丈夫で長持ちする陶器をおみやげに

左：人気の藍色のシ
リーズ。ポット550B、
カップ＆ソーサーの
セット各310B、灰
皿180B。／下：バス
ルームに置きたいセット。なんと「BODY
LOTION」のタグもセ
ラミック製（別売）。

前列が私も長年愛用
している花びら形のカ
ップ＆ソーサー＆スプ
ーンの3点セット各
485B。

ぎっしりと商品が並ぶ。種類がとても多く、一
体なにに使うのかわからないようなものも?!

プーケットの土を使った手づくりのセラミック製品を扱う店。
カトゥーの本店はぎっしりと商品が並ぶ倉庫のような雰囲気。
プーケットセラミックは高温で焼き上げるため、硬度が高く丈夫
です。我が家にも何年も使っているカップがあります。持ち手
がプルメリアの花びらになっているのがかわいくてお気に入り
です。長持するので、使うたびにプーケット旅行を思い出さ
せてくれるかも。重いのが難点ですが、小鉢や小皿、調味料入
れなどの小さいアイテムもあります。チュンタレーにもレストラ
ンを併設した支店セラミック・キッチン（**MAP** P128 **◀**A-2）あり。

◉ 71/3 Moo 1 Vichitsongkram Rd, Amphur Kathu Phuket
◉ 076-319186, 076-319187／**◈** ceramicsofphuket.com
◉ 8:00〜17:00, 日曜・祝日休／**MAP** P128 **◀**B-2

Chalong Bay Distillery & Bar
▶シャロンベイ・ディスティラリー＆バー

📍 14/2 Moo 2 Soi Palai 2
Tombol Chalong Amphur Muang Phuket
📞 093-5751119／🌐 chalongbayrum.com
🕐 11:00〜22:00、無休／MAP P129 ▶C-2

プーケット産さとうきびのラム酒

　2人の若いフランス人オーナーが
経営するラム酒蒸留工場＆レストラン。
プーケットで豊富に採れるサトウキビ
を使ったボトル入りラム酒はおみやげ
にピッタリ。タイのハーブでフレーバ
ーをつけたものもあります。有料の工
場見学ツアーにはモヒート1杯つき。
カクテルをつくるワークショップもあり、
併設のレストランにはラム酒を楽しむ
ためのタイ料理の前菜セットやフルコ
ースも用意されています。ここの料理
は素材のよさを生かした味つけで舌
にやさしいのですが、タイらしいスパ
イシーカクテルもぜひ試してみて！地
元の人には旧店名「シャロンベイ・ラ
ム」のほうが通じます。入り口は通りを
1本入った側。

上：プーケット産サトウキビ
からつくられたオリジナルの
ラム。レストランではスパイス
を効かせたシャロンベイ・ホ
ワイト・スパイス・モヒート
260Bなどで楽しめる。／右：
レストランの一角にはラムの
ボトルが並ぶ。オリジナルは
690B。ボックス入りも。

上：ラム酒蒸留工場の入り口。見学ツアーは30
分450B、電話かネットで事前予約を。／下：工
場内では大きな蒸留用のステンレスタンクやブリ
キのおもちゃのような蒸留機械を見学できる。

アラカルトメニュ
ーから、スパイシ
ーツナカレー、エ
ビの生春巻き、
パッションフル
ーツのモクテル。

Sribhurapa Orchid
▶ シーブラパー・オーキッド

パンチの効いたカシューナッツ

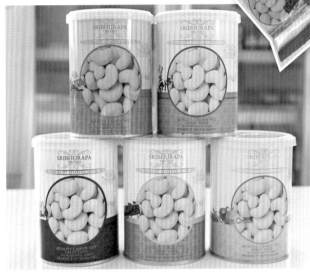

小袋サイズの
フレーバーつき
カシューナッツは
おみやげにもぴったり。
各65g入り60B。

カシューナッツとキャラメルと
ゴマを固めたお菓子。箱のな
かは小袋に分かれている。袋
入り120B、箱入り240B。

のり、BBQ、トムヤム、サワーオニオン、わさびのフレーバーがついたもの。缶入りは135g入り130B、215g入り190B。

袋入りプレーンのカシューナッツ。料理やお菓子づくりにも使えておススメ。

ブルーが鮮やかな店の入り口脇には大きなカシューナッツのオブジェが！

　プーケットを代表するおみやげのひとつ、カシューナッツの専門店。この店は創業約30年、島民なら誰でも知っている老舗店です。カシューナッツは塩味だけではありません。さまざまなフレーバーつきのものがあり、現在7種類あるなかで私のお気に入りは「トムヤム味」、「サワーオニオン味」、「わさび味」。試食もできます。近隣の島へのツアーの船が出るシャロン湾の近くにあるため、船着き場からツアー帰りの観光客がこちらに立ち寄ってからホテルに戻るのも定番コースになっています。ナッツが好きな人はここでおつまみの確保をしては？

📍 7/1 Moo 3 Khuang Rd,
　 Tombol Vichit Amphur Muang Phuket
📞 062-2420300
📶 facebook.com/Sribhuraporchid
🕐 9:00〜18:00、無休
MAP P129◀C-2

オールド・タウンのおすすめショップ

今や島内一と言っても過言ではない、
最新ファッションや雑貨が集まるショッピングエリアがオールド・タウン。
古いものと新しいものを融合させた、
どこか懐かしくあたたかみのあるものが
あふれています。

Endless Summer Phuket
▶ エンドレス・サマー・プーケット

左：以前は幼稚園だった建物をきれいに塗り替えて現在の
ショップに。店の前での写真撮影もお忘れなく。／右：1階
入り口そばには服やアクセサリーが並ぶ。2000B前後のも
のが多い。

フランス人オーナーのセレクトショップ

　古いシノ・ヨーロピアンの一軒家を改装して2018年に
オープン。フランス人女性オーナーはメイクアップ・アーティ
ストでもあるので、美しいものを見極めるセンスは確かで
す。1階のカフェでお茶を飲んでいたら、壁にかかっている
タペストリーのかわいらしさに私の目は釘づけ。建物自体に
も価値がある場所。お茶も雑貨もゆっくり楽しみましょう。

あたたかさを感じさせる小
物がいっぱいで、雑貨好き
にはたまらない空間。

📍 175 Yaowarat Rd, Tombol Talad Nua Amphur Muang Phuket
📞 096-7577541／🌐 endlesssummerasia.com
🕐 10:00～19:00、月曜休
MAP P131 ◀A-2

姉妹店のYI-WAは、日
本人の肌色にも合う淡
いパステルカラーの絞
り染めの服が並ぶ。ロン
グワンピース599B～。

Bulan
▶ ブラン

ビーチに映える絞り染めワンピース

　近くには姉妹店のYI-WA（イーヴァ）もあり、いず
れも絞り染めサマードレスがメインの店。ブランのほ
うは白と青の色彩で統一、イーヴァはカラフルなライ
ンナップです。染め柄はオリジナルで、ほとんどが一
点もの。ドレスに合うスカーフや、帽子、バッグ、アク
セサリーなどもそろうので南国リゾートコーデもバッ
チリ。水着の上にざっくり着て出かけましょう。

上：商品だけでなく、家具
なども青と白で統一されて
さわやかな店内。ワンピー
スは390B～。アクセサリ
ー199B～。／右：タラン
通りに面した入口。アジアら
しい絞り染め柄に惹かれて
多くの観光客が足を止める。

📍 Bulan 📍 37 Thalang Rd, Tombol Talad Yai Amphur Muang Phuket／**MAP** P131 ◀A-2
YI-WA 📍 74 Thalang Rd, Tombol Talad Yai Amphur Muang Phuket／**MAP** P131 ◀B-3
📞 089-7772847／🌐 bulanthailand.com／🕐 9:00～20:00、無休

NonLang T-Shirt
▶ ノンランTシャツ

老舗おみやげ店の味のあるTシャツ

店内の中央には雑貨もたくさんそろっている。キーホルダー49B〜など。

オールド・タウンに10年以上続く老舗店。メインアイテムはTシャツですが、ほかにもサンダルや水着、キーホルダー、ポーチやカバン類、お菓子、ムエタイパンツなどもそろう総合おみやげ店です。私が日本に帰国する時、おみやげのTシャツを買うのはこの店と決めています。デザインはオリジナルなので、ほかには売っていません。Sサイズ149バーツから。

📍 26 Thalang Rd, Tombol Talad Yai
　Amphur Muang Phuket
📞 089-9728198
🌐 facebook.com/nonlangtshirt
🕘 9:00〜18:00、無休
MAP P131◀A-2

生地のしっかりしたTシャツは大人用149B〜、子供用80B〜。私のおすすめはタイ文字柄。

オーナーのオーさん(中央)と、タラン通りの姉妹店 Tong Nuengスタッフのブラーさん&ヌイさん。

Twinha Phuket
▶ タヴィンハー・プーケット

プーケットの現代アート雑貨がそろう

日本人にも大人気のカゴバッグ。なかでも人気の花かざりつきは890B。

オールド・タウンの歴史に関連したネオ・シノポルトギースと呼ばれるアート作品を販売する店。お茶目なゾウの置物や、ゆるいイラストがかわいい絵皿など、日本人にも好まれそうなデザインが並びます。特に人気なのは花をあしらったカゴバッグ。私もつい店頭で手に取ってしまいます。カゴバッグは590バーツから。

📍 112 Thalang Rd, Tombol Talad Yai Amphur Muang Phuket
📞 076-354424
🌐 facebook.com/Twinhaphuket
🕘 10:00〜19:00、無休
MAP P131◀B-3

左:なんともいえないゆるい表情の作品たち。底に穴が開いているので植木鉢としても。490B。／右:飾ってもかわいい動物モチーフの絵皿は大サイズ890B。ティーカップは490B。

マンゴーともち米にココナッツミルクをかけて食べるスイーツ。
カオニアオ・マムアン60B。

人気の市場で宝さがし?!
おすすめマーケット

 ท้ายรถบากา) **Chaofa Valiety Weekend Market**
▶チャオファー・ヴァリティ・ウィークエンド・マーケット

地元ムードあふれる名物市場

左:プーケット・タウンでもっとも人が集まる市場のひとつ。オープンは16時だが、店が出そろうのは18時以降。／下:ロティーと呼ばれるイスラム料理。ここは通常よりすこし大きめサイズ。プレーン20B。

　毎週末に開催されるウィークエンド・マーケット。近くに「ナカ」という名前のお寺があることから「ターイロッ・ナカ(ナカ市場)」と地元では呼ばれています。露店の数ではプーケットで1、2を争う大きな市場で、食べものだけでなく、衣料品や雑貨、おみやげの店、マッサージや散髪店まであります。屋根があるので雨でも大丈夫。一体なにに使うものか首をかしげたり、クスっと笑えたりする商品も多く、ローカル感が楽しめます。ビーチエリアの屋台は観光客向けにアレンジされたものも多いですが、ここでは本場の屋台ごはんに出会えるかも。

タイの伝統芸能、影絵などにも使われる、牛の革を彫って装飾をほどこした工芸品。

チュロスに似たパートンコーという中華系ドーナツ。練乳をつけていただく。30B、練乳10B。

入り口からまっすぐ進めばずらりと並ぶ食べもの屋台。左手にはみやげもの店が集まる。

🔵 📍 63/672 Moo 4 Wirat Hong Yok Rd, Tombol Vichit Amphur Muang Phuket
🕐 土日曜16:00〜22:00、月〜金曜休
MAP P130▼B-1

Chillva Market
▶ チルバ・マーケット

オシャレさが人気の新感覚マーケット

イチプライスなのにかわいいサンダル150Bは色違いで欲しくなる。

花柄のワンピはプーケットの女子も大好き。

ヤワラート通り側。中央部に食べもの屋台が並び、裏の駐車場側に座って食べられるスペースも。

　プーケットには屋外マーケットの数が多く、競争も激しいのですが、そのなかでもここは不動の人気を誇ります。このマーケットの魅力は、こだわりの食材を使った、オシャレで珍しい食べものが多いこと。新しいもの好きな若者のデートコースとしても定番の場所です。座って食事ができるスペースもあります。中央にステージがあるので、著名人によるミニライブが開催されることも。服や雑貨などもイマドキのものが多く、ここにしか出店していない店もあるので、プーケットの若者文化をチェックするならこちらへ。18時くらいからのお出かけがおすすめです。

上：アクセサリーのブースも多数。試しにつけてみるのもOKなので気軽に店員さんにお願いしてみて。／左：早い時間帯だと人は少なめ。食べもの屋台が並ぶあたりは18時すぎにはぎゅうぎゅうになることも。

左：バーカウンターもあるBBQ店では、ポークやソーセージなどの串をつまみにビールでまったりも◎。／右：タコ焼き器に似た鉄板に魚介と卵入りのタネを入れて焼いたもの。青とうがらしとニンニクの辛いソースで。

📍 141/2 Yaowarat Rd.
Tombol Rasada Muang Phuket
📞 099-1521919
🖥 facebook.com/Chillvamarket
🕐 17:00〜22:00、日曜休／**MAP** P130 A-1

CENTRAL PHUKET
▶ セントラル・プーケット

📍 199 Moo 4 Visitsongkram Rd,
Tombol Vichit Muant Phuket
📞 076-603333／🌐 centralphuket.com
🕐 10:30〜22:00（スーパー 9:00〜22:00）、無休
MAP P130▼B-1

プーケット最大のショッピングスポット

フロレスタ1階の吹き抜けエリア。セントラルのロゴの前で写真を撮っていく人も多い。

　プーケット・タウンに2004年にオープンしたモールを併設したデパート、セントラル・フェスティバル。2018年には向かいに新館のセントラル・フロレスタがオープン。フェスティバルは4階建て、フロレスタは3階建ての建物で、レストラン、フードコート、スーパー、各種専門店が立ち並びます。衣料品、生活雑貨、おみやげなどほとんどのものがそろううえ、フロレスタには水族館やレジャー施設、エルメスやルイ・ヴィトンなどハイクラスな高級ブランドも。パトンとチュンタレーにも支店がオープンしていますが、タウンの規模のほうが断然上。飲食店も充実しているので、食事のあとに買いもの、そのあとお茶してまたぶらぶら、と1日楽しめます。

フロレスタB階（地下2階）の水族館に行くエスカレーター。B階にはキッズクラブ、ビュッフェレストランなどがある。

フロレスタ入り口。入るとすぐに、高級ブランドがずらりと並ぶエリアになる。

旧館フェスティバル1階の催事スペースにはバーゲン品も多いので、チェックしてみて。

フェスティバルの外観。ふたつの建物は、2階にある連絡通路で行き来することができる。

Harnn
▶ ハーン［フロレスタ2階］

13か国に店舗を持つスパブランド。甘くエキゾチックな香りとパッケージが人気。箱入りギフトも多数。オイルや石けんのセットなども素敵。

フロレスタの2階では、日本でもおなじみのELLE、Rip Curlほか、タイブランドの水着がそろう。値段は2～3000B台が多いが、セールで1500Bぐらいになることも。

Divana Signature Café
▶ ディバナ・シグネチャー・カフェ［フロレスタ1階］

タイのスパブランド、ディバナの経営するカフェで、バンコクやプーケットのセレブ層に人気。

Pancake Corner and The Coffee Club
▶ パンケーキ・コーナー＆ザ・コーヒークラブ
［フロレスタG階］

プーケットタウンに3店舗ある人気のデザート店。

カフェの前ではスパグッズも販売している。バスルームで使うマッサージオイル。

左：ミニフライパンがかわいいスイート・ダッチ・パンケーキ185B。／下：オールド・タウン265B。このメニューはここの支店でしか食べられない！

フロレスタG階にあるフードコートは水上マーケットをイメージしていて、真ん中に川が流れている。ボートの形のカウンターで営業している店や、クーポン食堂やカフェのスペースも。

中央の噴水広場にある帆船。夜は
ライトアップされ、噴水ショーが数
回開催される。

パトンの中心的ショッピングモール

1階の吹き抜けスペ
ースでは、セール品
が売られていることが
多いので、要チェック。

上：正面入り口にも帆船のモチーフ
が。入り口手前の階段を降りると銀行
が集まる地下へ。／左：道路を挟んだ
向かいはセントラル・ブーケットのパ
トン店。

　パトン・ビーチのメインストリート、バングラー通
りから歩いてすぐの場所にある大型ショッピングモ
ール。ジャングセイロンとは、航海中にプーケット
島を発見した人がつけたと言われる、大昔のマレ
ー語での呼び名。1階中央の池には帆船のオブジ
ェがあります。地下はおみやげ店やフードコート、1、
2階はロビンソンデパートとテナントショップ、レス
トランやカフェ、ファストフードなどが入り、大型ス
ーパーのビッグ・シーも併設しています。パトンの
街中の露店では値段交渉が必要なので、ここで相
場をチェックするといいですよ。

181 Rat-u-thit 200 Pee Rd.
Tambol Patong Amphur Kathu Phuket
076-600114
jungceylon.com
11:00～22:00(スーパー 9:00～22:00)、無休
MAP P130 D-1

Food Bazaar 美食天地
▶ フード・バザール［地階］

左上：地下にあるフードコート。カラフルな色に塗られたテーブルや提灯が中国風。料理はタイラーメン、カオマンガイ、ガパオライス、タイカレーなど。一品100B前後。カウンターでICカードを買い各ブースで支払いをする。／左下：食事のほか、スナック、ドリンク、タイのデザートやアイスクリームなども。クマの引いているリヤカー屋台には飾りもののお菓子が♪地下にはほかにおみやげ店とマッサージ店がある。

サードロード側の建物には、ロビンソンデパートのほかテナント・ショップやポップアップ・ショップが並ぶ。買ってすぐ身に着けて、そのままビーチに出かけられそうなものもいっぱい！ かわいいポンポン飾りのついたサンダル499B。

MATAVEE
▶ マタヴィー［1階］

右：アロマグッズは人気の高いおみやげ。マタヴィーブランドは、OTOP（オートップ）と呼ばれる特産品や民芸品を支援する政府プロジェクトの製品。手頃な値段なので複数買いしてもお財布にやさしい。／下：アジアらしい柄の布でつくられたゾウのぬいぐるみ250B。手に乗るくらいのちょうどいいサイズ。デスクなどに置いて、ときどきプーケット旅行をふりかえってみるのもよさそう。

バスケットに入ったものは、なんとどれも100B以下！ 値段も明記されているので選びやすい。ゾウのモチーフはやはり人気。アロマキャンドルはプルメリアの花びらの形。おみやげとして、ポーチに入れてセットで渡してもいいかも。

Big C Extra
▶ ビッグ・シー・エクストラ［1・2階］

左上：サードロード側の建物1階にある大型スーパー。向かいのセントラル・パトン内にもスーパーはあるが、こちらのほうが庶民的な品ぞろえ。手前にずらりと並ぶのはドリアン。1階は食料品が中心で、2階は日用品、衣料品、電化製品などを販売している。／左下：ビッグ・シー内にはリカーショップも入っている。タイではスーパーやコンビニでお酒を買える時間には規制があるので覚えておきたい。買えるのは11〜14時と17〜24時。そのほか仏教系の祝日や選挙日にも販売が禁止になる。

ジャングセイロンは2つの建物からなっているが、その2つの真ん中にあるのがこの噴水のあるオープンスペース。ここには気軽に利用できる飲食店が集まっている。

プチプラで買える
🛒 おすすめ
プーケットみやげ

　滞在中一度はのぞいておきたいのが、地元の人たちが通うスーパーマーケット。値段表示が明確で、料金交渉のやりとりは不要。日本では見られないおもしろいパッケージや、激甘や激辛だけど病みつきになるお菓子などを探すのも楽しいですよ。食品だけでなく衣料品や生活用品もあります。島内にはビッグ・シーやテスコ・ロータス、トップスといったタイ各地にあるチェーンのスーパーのほか、スーパーチープ、プーケット・グローサリーといった地域密着のスーパーも。ほとんどのスーパーやコンビニはレジ袋が有料です（大きさにより5〜25バーツ程度）。

ママー
มาม่า

タイではインスタントラーメンのことをママーと呼びます。私のおすすめはトムヤム味とグリーンカレー味。7B〜。A

タオケーノーイ
เถ้าแก่น้อย

シート状ののりスナック。身体にいいという理由で最近人気です。トムヤム味、スパイシー味がおすすめ。8枚入り29B。A

タロー
Taro

日本でもおなじみタロのスナックのタイ版。おつまみにピッタリ。ホットスパイシー、サーモン味なども。28B。A

コーケー
Koh Kae

ピーナツの外側をカリッとした生地で包んだスナック。ココナツ味、わさび味、トムヤム味など。袋入り10B〜。缶入り65バーツもあり。A

パイナップル・クッキー
Pineapple Cookie

甘酸っぱいパイナップルジャムがサンドイッチされたクッキー。サクサクで手が止まりません。45B。A

プリッツ
PRETZ

タイにはラーブ、トムヤム、とうもろこし、コーンスープなど変わった味のプリッツもあります。12B。A

ポッキー
マンゴー味
Pockey

ゾウのイラストもかわいい、タイならではのマンゴー味。チョコやアーモンド味のポッキーもパッケージはタイ語バージョンに。12B。A

　＊表記価格は購入店のものです。別の店舗でも取り扱いがあるものもあり、その場合は価格が異なる場合があります。

ドライフルーツ
Dried Fruits

独特の食感と甘さがあるドライフルーツ。私のいちばんのおすすめはマンゴー。マンゴスチンやパイナップルも人気です。約100B～。A

ナムプリック
น้ำพริก

袋入りの乾燥ナムプリックは、タイのスパイシーなふりかけです。辛いものが得意ならごはんのおともに。15B。B

マルベリー・ティー
Mulberry Beverage

タイの政府が支援するOTOP（オートップ）プロジェクトが販売している桑の葉茶。メタボ予防に。45B。A

シイウダム／シイウカーオ
ซีอิ๊วดำ / ซีอิ๊วขาว ตรารถยนต์

プーケットで作られている福建から伝来した醤油。黄色いキャップはシイウダム。カオマンガイにかけます。白いキャップはシイウカーオ、甘めの醤油で炒めものなどに。20B。C

アミラマカム
Amira Makam

甘酸っぱさがクセになるタマリンドのキャンディー。中身のキャンディーは個別包装されています。20B。A

プリックリー・ヒート
Prickly Heat

メンソールが入った、つけるとスーッとするタルカムパウダー。夏場のあせも防止と気分転換に。140g入り23B。A

ナラヤの
小物やバッグ

プーケット・ビール
Phuket Beer

プーケット産なのに意外と出会うことが少ないレアものゆえ、見つけたら即ゲットを。ビッグ・シーで取り扱いアリ。瓶入りも。49B。A

リボンバッグで有名なNARAYA（ナラヤ）は、スーパー、ビッグ・シー内に販売スペースがあります（パトン、タウンとも）。ポーチ約200B～。A

マグネットつき栓抜き

ゾウの形のなかに寺院が描かれた栓抜き。裏に磁石がついているので、冷蔵庫につけられて便利。119B。C

タイ語ノート

タイ文字が書かれた文房具でタイ旅行気分に。ノートやメモ帳、カードなどをおみやげにどうぞ。10B～。A

歯磨き粉

ハーバル歯磨き粉Dok Bua Ku（ドークブアクー）。歯についたヤニやコーヒーなどの色素を落とすと評判。青箱はミントが強い。100g入り20B。A

P.82〜83で
紹介した商品は、ここで買いました！

A Big C
▶ビッグ・シー

　緑にCの文字の看板が目印の大型ス
ーパー。タイ国内に多数の支店があるほ
かコンビニサイズのビックシー・エクス
プレスがあります。プーケット内の大型
店舗はプーケット・タウンとパトン・ビー
チ（ジャングセイロン内）の2か所。大型店舗には観光客用
のおみやげコーナーもあり、Tシャツやナラヤのポーチ類、
タイガーバームなどの定番商品が手に入ります。

📍 プーケット・タウン店
📍 72 Moo 5 Tombol Wichit Amphur Muang Phuket
📞 076-249444／🕐 9:00〜22:00、無休
MAP P130✈A-1

B Central Food Hall

▶セントラル・フード・ホール

輸入品や高級食材も取り扱いがあり、少しハイクラスなス
ーパーマーケット。セントラル・フロレスタに入っています。
インターナショナルな品ぞろえのためか、客層も在住外国
人が多いようです。お弁当やサンドイッチ、お惣菜も辛く
ないものが多いので、日本人の口にも合います。日本の調
味料や米、お菓子なども充実。値段は大型スーパーより
若干高めです。

📍 Central Floresta 内(P.78)

C Tesco Lotus

▶テスコ・ロータス

ビッグ・シーと同様に、タイ全土に支店
を持つスーパーです。一番大きな店舗が
プーケット・タウンの「ロータス・エクス
トラ」。小規模な店舗は「ロータス・エク
スプレス」という名称になっています。自
社製品もあり、テスコブランドの食品や生活用品は、ほか
のブランドよりも割安です。

📍 Tesco Lotus Extra
📍 104 Chalermprakiat Ratchakan 9 Rd,
　Tombol Ratsada, Amphur Muang Phuket
📞 076-254888／🕐 7:00〜23:00、無休
MAP P130✈A-1

そのほかの
プーケットのローカルスーパー

Phuket Grocery
▶プーケット・グローサリー

プーケット・タウンに昔からあるス
ーパー。近年改装をしてきれいにな
り、フードコートやテナントショップ、
ファストフード店なども併設するよ
うになりました。夕方はスーパー前
に屋台も並びにぎやかになります。
生鮮食品など全国チェーンのスー
パーよりも価格が安め。プーケット
産のローカル食材が豊富です。

📍 54 /51 Ongsimphai Rd,
　Tambon Talat Yai,
　Amphur Muang Phuket
📞 076-355207
🕐 6:30〜22:00、無休
MAP P130✈B-2

Super Cheap
▶スーパーチープ

紫の看板が目印
のプーケットのロ
ーカルスーパー。
本店はプーケット・タウンの長距
離バスターミナルのそばにあります。
店内と周囲にはお惣菜などの屋台
も多いので、市場に近い雰囲気で
す。商品の品ぞろえは島内ピカいち。
大抵の探しものはここで手に入り
ます。コンビニのような小規模店舗
も展開しており、店名どおりほとん
どの商品がほかのスーパーよりも
安く売られています。

📍 46/30 Thepkrasatree Rd,
　Tambon Ratsada,
　Amphur Muang Phuket
📞 076-609000
🕐 4:00〜22:00、無休
MAP P128✈B-3

プーケットごはん

Phuket Food

Phuket *Food*
プーケットごはん

プーケットごはんの特徴
〜辛くて、濃い、南タイ料理〜

多文化が融合した島の料理

　タイ料理と一口に言っても、日本より広い国土を持つタイには地域ごとに異なる食文化があります。タイの南部に位置するプーケットは、食文化としてタイのほかの地域よりも「味が濃く、辛い」のが特徴です。ハッキリした味を好むように、南部の人の性格は比較的「なんでもハッキリ言う」ところがあるので、食文化と性格はリンクしているのかなと私は感じています。

　プーケット島のある南タイの料理は、以下の3つの料理が融合してできたと言えます。

1. タイ・シーフード料理
2. 中華料理
3. マレー料理

　海で囲まれたプーケット島は魚介類が新鮮で豊富です。そのままバーベキューで食べるのもおいしいですが、タイ料理と中華料理がミックスしたシーフード料理が実にたくさんあります。シーフードを食べるのなら、島南部のシャロンやラワイ地域に安くておいしい店が集まっています。

旅の間にぜひ食べたい一品

　辛い料理で知られる南タイ料理ですが、プーケット・タウンを中心に華僑系の文化が浸透しており、中国・福建省からの移民が根づかせた福建麺やビーフンなどの辛くない麺類もよく食べられています。麺類は昔ながらの手打ちの店もあり、とくにエビのダシが効いたスープ麺は日本人旅行者にも人気の一品です。

　マレーシアとは地理的に近く、古くから海上の往来も盛んだったため、スパイスをふんだんに使ったマレー料理の影響も多く受けています。日本でも人気があるジャガイモと鶏肉のマッサマン・カレーは、ココナツミルクをたっぷり使ったマレーシアのチキンカレーとよく似ている南タイ発祥の料理です。

　観光地であるプーケット、現在はタイ料理以外にも、ビーチエリアを中心にインターナショナルレストランが充実しています。意外なことに、昔パトン・ビーチにはイタリアからの旅行客が多く訪れていたことから、おいしいイタリアン・レストランもたくさんあるんですよ。

南タイを味わう!

代表的なプーケット
料理

センミー・ゲーンプー
เส้นหมี่แกงปู

ゲーンプーは、カニ肉とココナツが
たっぷり入ったプーケット名物のカ
レー。クリーミーでリッチなルーをそ
うめんより少し細い麺（センミー）に
からめていただきます。

パッ・サトー・カピ
ผัดสะตออกะปิกุ้ง

タイ南部のお土産としてタイ
人旅行客が好んで持ち帰る、
サトーと呼ばれる緑の豆。独特
の苦みがありますが、この豆を
使った「サトーとエビのカピ炒
め」は、ごはんに合うおかずに
なります。

ホッケン・ミー
หมี่ฮกเกี้ยน

ミーは麺、ホッケン中国・福建のこと。
プーケット・タウンでは、エビダシ汁
そば、焼きそば、汁なしそば、トムヤム
（汁あり、汁なし）など、さまざまなスタ
イルのホッケン・ミーを食べられます。

ムーホン
มูฮ้อง

ホッケン・ミーと同じく、福建から伝
わってプーケットに根づいた豚の煮
物。日本の角煮によく似ていますが、
八角などのスパイスが効いていてご
はんが進みます。

クン・チェー・ナンプラー
กุ้งแช่น้ำปลา

プーケットは島なので、新鮮なシー
フードが豊富。生の新鮮なエビをタ
イの醤油ナンプラーに漬けたものを、
唐辛子ソースでいただくタイ風のお
刺身です。

ナムプリック・クンソッ
น้ำพริกกุ้งสด

ナムプリックはカピをベースにした
ディップソース。プーケットではクン
ソッ（生エビ）やクンシアップ（乾
燥エビ）が入ったものが名物です。
野菜と一緒に食べます。

パックミアン・パッカイ
ผักเหมียงผัดไข่

タイ南部で採れる野菜、パックミア
ンの卵炒め。くせがなく食べやすい
ので、卵と炒めるほか、カピと一緒
にスープに入れたりすることもあり
ます。

マッサマン・カレー
แกงมัสมั่น

じゃがいもとココナツミルク、ナッツ
が入ったイエローカレー。タイ南部
のイスラム郷土料理のため、多くの
場合鶏肉でつくられます。

※カピ＝エビなどを原料にした発酵調味料

南タイを味わう!

เครื่องดื่ม

🥥 プーケットの **飲みもの**

さとうきびジュース
น้ำอ้อย

プーケットでは市場や屋台など
で必ず見かける、あまーいさと
うきびのジュース。薄緑色をし
ていて、瓶やペットボトルに入
って売られています。

フルーツシェイク
ผลไม้ปั่น

新鮮な南国フルーツと氷をミキサーにかけたシ
ェイクもいたる所で売っています。私のおすすめ
はスイカ(写真上)やドラゴンフルーツ、パッショ
ンフルーツ(写真左)、パイナップルです。

コピとはコーヒーのこ
と。グラスにコンデンス
ミルクを入れ、その上に
濃くて苦いホットコー
ヒーを入れ、混ぜて飲
むのがプーケットスタ
イル。お口直しなどがつ
いてくることも。

コピ
โกปี๊

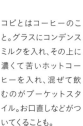

ビール
เบียร์

プーケット・ビールという銘柄
がありますが、レストランで見
かけることは少ないかも。タイ
全土に流通している「シンハ
ー」「チャーン」「リオ」の3つが
ポピュラーです。

プーケットの **スイーツ**

アーポーン
อาโป๋ง

プーケット式クレープ。小さな鍋に蓋をして蒸し焼きにします。生地の中央は厚みがあり端はパリパリ。ほんのり甘いホットケーキみたいな味です。

コショウクッキー
ขนมพริก

コショウを効かせた薄焼きのクッキー。うずまき状になっています。コショウの辛さがクッキーの甘味を引き立てていて、意外なおいしさです。

オーエオ
โอ้เอ๋ว

かき氷とシロップ、大きめ寒天、豆が入ったさっぱりスイーツ。シロップと豆のほんのりした甘さが際立つシンプルな味。

プーケットで食べたい **フルーツ**

プーケット・パイナップル
สับปะรดภูเก็ต

プーケットのパイナップルは日本でよく見るものより少し小ぶりサイズですが、甘みが強いのが特徴。ゴムの木とペアで栽培されています。

ドラゴンフルーツ
แก้วมังกร

見た目はいかついのですが、なかにはくせのない味の果肉がぎっしり。果肉が白いものと紫色のものがあります。タイ語ではケオモンコーン。

ジャックフルーツ
ขนุน

タイ語でカヌン。小さなものでも10kg以上あり、大きいものだと50kg近くになるものもある巨大なフルーツです。さっぱりしたくせのない味。

ローズアップル
ชมพู่

シャリシャリした食感とみずみずしくさわやかな甘さで日本の梨に似た味のフルーツです。タイではチョンプーと呼ばれます。

Blue Elephant
▶ ブルー・エレファント

プーケット最高峰のタイ料理

プーケットのシノ・ヨーロピアン邸宅としては最も大きく、庭も広大。日がかげれば屋外のテーブル席も利用できる。

　タイ人女性がベルギーではじめたレストランが世界各地で有名になり、その後タイに逆輸入されたタイ料理レストラン。プーケット店は2010年にオープンしました。広大な敷地に佇む宮殿のようなシノ・ヨーロピアンの建物は、元知事プラピタック・シンプラチャー氏の邸宅。入り口の門をくぐった時から、そのゴージャスな雰囲気にテンションが上がります。肉、魚介類、すべてにおいて厳選した素材でつくられるタイ料理は、まさにプーケットの最高峰。旅行中、一度くらいはぜいたくな食事を楽しみたい! と思っているなら、ぜひオシャレをしてこちらにどうぞ。

席により装飾が異なり、違った雰囲気を楽しめる。ここは、古きよきタイの歴史を感じさせてくれる落ち着いた席。

左：母の日プロモーション
のセットランチ590バーツ
＋＋。期間限定セットが出
ることもある。／下：ニュ
ージーランド産ラムチョッ
プに甘辛いチリソースとバ
ジルの葉を揚げたものがか
かっているワイルド・カバ
オ・ラム・チョップ1080B。

上：シン・ホン・シャロ
レー・ビーフ・チーク
780B。ココナツミルク
がたっぷり入ったマイル
ドなビーフカレー。ロテ
ィーとサフランライスで
いただく。／右：室内の
席は凝った装飾で上品
な雰囲気だが、庭に面し
た席は明るくて開放感
いっぱい。

96 Krabi Rd, Tombol Talad Nua Amphur Muang Phuket
076-354355
blueelephant.com/phuket
11:00～22:30、無休
英語メニュー◎
MAP P131 A-1

มา ดู บัว ภูเก็ต 🍽 **Ma Doo Bua Cafe**
▶ マー・ドゥー・ブア・カフェ

大きなハスの葉っぱが童話の世界

2018年にオープンし、利用者のSNS投稿で一躍有名になったレストラン。大きなハスの葉が敷地内の池一面に広がっており、リゾートファッションで写真を撮るタイ人が続出。週末には、ハスの葉の上に立って写真を撮ったり、ドローンで撮影したりするイベントも実施されています (有料)。メニューはタイ料理がメインで味つけもタイ人好み。辛さが苦手な人は、注文の時に「ノー・チリ (トウガラシ無しで)」と伝えましょう。日中は暑いので屋内の席がおすすめですが、夕方には池に張り出したクッション席で涼んでも。「ハス池と私とおしゃれドリンク」がそろった写真が撮れますよ。

テラスには池にせり出した部分があり、絶好の写真撮影スポット。写真が大好きなタイ人はポーズも上手。

まるくてかわいいハスの葉が、ぐるりと席を取りかこんでいて癒しムードも満点。季節によってはハスの花も見られる。

日中は日差しが強いが、夕方はハス池そばのクッション席でまったりすることができる。

クレイポットに入ったシーフード・ガパオライス205B、リンチーローズ・ソーダ125B。

左：入り口から階段状に席があるので、どの席からも池が見える。最上部のこの席は池から離れるがゆっくりできる。／下：店内にはハス池のボート上での写真撮影の案内が。撮影にはドローンを使う。利用人数により500〜1200B。

📍 310/51 Moo 1 Baandon-Cherngtalay Rd.
　Tombol Cherngtalay Amphur Thalang Phuket
📞 095-9366539
📶 facebook.com/Maadoobua.Phuket/
🕐 10:00〜19:00、無休
🍴 英語メニュー◎
MAP P128▶A-2

ตู้กับข้าว ︶ **Tu Kab Khao**
▶ トゥー・カップ・カオ

プーケット版なつかしい "おふくろの味"

　オールド・タウンにある、シノ・ヨーロピアン・スタイルのプーケット料理レストラン。ふるさとの味を食べに訪れる地元の人たちはもちろん、タイ国内からの観光客にも大人気です。トゥー・カップ・カオとは「おかずの入った棚」という意味。この店のオーナーが子どもの頃、お腹を空かせて家に帰って「ごはんある？」と聞くと、「トゥー・カップ・カオ」という答えが返ってきていたそうです。そんな日常が店名の由来。タイ人にとってはどこかなつかしい味に感じるのでしょう。「プーケットならでは」のものが食べたいというリクエストに、私がまず案内する店です。

建物の側面にはウォールアートが。巨大なロブスターのオブジェは遠くからでも目立つので、店を見つけるのに便利。

右：シノ・ヨーロピアンの建物。店の周辺には同じくシノスタイルの銀行やホテルもあり、ぶらぶら観光するのによい立地。／下：店内は4つの部屋に分かれていて、一番入り口に近い部屋には王様や王族たちの写真が飾られている。

ゲーンタイプラーという南タイを代表する魚カレーのひとつ。さらっとしたスープ状で、塩辛く味がとても濃いのでごはんが進む。

上：クン・チェー・ナンプラー、シーフードチャーハン、ムーホン、ナムプリック・クンソッ野菜添え。料理はどれも一品250〜350Bくらい。／下：週末はほぼ満席になるので、予約をおすすめ。以前予約なしで行ったらなんと2時間待ち！

📍 8 Phangnga Rd, Tomobol Talad Nua Amphur Muang Phuket
📞 076-608888
🛜 facebook.com/tukabkhao/
🕐 11:30〜23:00、無休
🍴 英語メニュー😊
MAP P131◀B-2

Kopitiam by Wilai
▶ コピティアム・バイ・ウィライ

入り口は狭いが、店内は長細いつくり。入り口のカウンターではお菓子やお茶なども販売している。

由緒あるプーケット料理の名店

　地元の人たちに長く愛され続けているレストランです。現在もメニューは中国からの移民の子孫に受け継がれてきたレシピでつくられています。店のルーツは現店主の祖母がかつて島北部で営んでいたコーヒーショップ。近郊のすず鉱山で働く中国移民に、彼らのふるさとの料理をふるまっていたのだそうです。その後、10年前にオールド・タウンに移転。店内はアンティークなものが配され、壁のあちこちに昔のプーケットの写真が飾られています。とくに麺類がおいしいので、すず採掘をしていた人たちもこれを食べていたのだなぁと、昔に思いを馳せながら食べてみて。

私が何度もリピートしている焼きビーフン、チャ・ミー・スア 125B。前菜盛り合わせと伝統的なコピ（コーヒー）もどうぞ。

📍 14-18 Thalang Rd, Tombol Talad Yai Amphur Muang Phuket
📞 076-222875
🌐 facebook.com/kopitiambywilai
🕚 11:00〜17:00、18:30〜21:00／✗ 英語メニュー◎
MAP P131◀A-2

上：いちばん奥の席では、アンティークなものに囲まれながら、落ち着いて食事ができる。／左：左から／壁にはギャラリーのように古い写真がたくさん飾られている。料理を待つ間にながめてみても楽しい。／店内の装飾からも、この店が中国からの移民の歴史と文化を大切に継承し、プーケットの食文化として定着させたことがうかがえる。

Na Rimtang
▶ ナ・リムターン

プーケット伝統料理を水辺で楽しむ

店の代表メニュー、シャオクエイゼリー。右は甘いシロップと氷とゼリー50B、左はゼリーの上にかき氷とマンゴーをのせたもの120B。

目の前が池になっているので風がある日中は涼しい。夕方は池の周りにジョギングする人が集まってくる。

パイナップルチャーハン220B、エビとサトー豆の炒めもの200B、サーモンのヤム（和えもの）300B。

　プーケット料理メニューが豊富にそろうレストラン。池に面したロケーションは、観光名所であるシャロン寺院の敷地からも徒歩30秒です。店はもともとシャオクエイと呼ばれる黒い薬草ゼリーを出す小さなスイーツ店でした。その後、食事も出すようになると味のよさで評判に。移転するごとに店が大きくなり、今ではすっかり立派なレストランになりました。シャオクエイは身体の熱をとる効果があるので、暑い観光の合間に食べるのにもピッタリ。水辺からの風を感じながら、冷たいスイーツでのクールダウンは最高です。おみやげ用のゼリーやコショウクッキーの販売もあります。

室内の席は、入り口そばと池に近いテーブル席に分かれている。入り口そばのスペースは大人数でもOK。

📍 40/999 Luang Pho Cheam Rd,
　Tombol Chalong Amphur Muang Phuket
📞 093-963 5669／🛜 narimtang.com/
🕐 8:00〜18:00、無休／✘ 英語メニュー◎
MAP P129◀C-2

🛕 シャロン寺院

プーケットで最も格式の高いお寺。正式名称はチャイタララーム寺院。高僧ルアンポー・チェム（1827-1908）は、人びとの病気を治したり、すず鉱山でのいざこざを収めたりしたことで今でも厚く信仰されています。本堂にまつられている銅像の、自分の身体の悪い部位に金箔を貼ると病気が治ると信じられています。

レストランの入り口から道路を渡るとシャロン寺院の敷地。観光と食事のペアでプランを組んでみて。

📍 70 Moo 6 Chaofa west Rd, Amphur Muang Phuket
🕐 7:00〜18:00（仏舎利塔・住居跡見学16:00）、無休／🅶 無料／**MAP** P129◀C-2

Ab-zab Restaurant
▶ エプザップ・レストラン

パトンからは左手（海側）を見ながら坂を上っていくと、途中にこの看板がある。看板の先に駐車スペースあり。

絶景！ パトン・ビーチのパノラマビュー

果物を使ったソムタム120B、春雨シーフードサラダ160B、豚の喉肉のバーベキュー140B。いずれもイサーン料理の代表メニュー。

パトンのビーチと街並みが一望できる1階席はおすすめ。このベンチで写真を撮る人も多い。真ん中に見えるのはパトンタワー。

上：2階は室内になっているので、風が強い日や雨の日はこちらへ。ここからは海の広々とした景色を楽しめる。／左：1階のプライベートルーム。10人前後で利用するならここを予約するとよいかも。

パトン・ビーチ中心から北に4キロほどの山の斜面に建つレストランです。抜群のシービューに加え、パトン・ビーチが一望できる絶好のロケーション。入り口は小さいのですが、傾斜を下りていくと2階フロア、さらに降りると1階フロアとなっていて、小グループで利用できるプライベートルームもあります。店名のエプザップとは「味がよい」という意味。メニューにはシーフード、タイ料理、タイ東北部のイサーン料理がありますが、おすすめはイサーン料理。辛さも調節してもらえます。パノラマビューを眼前に、風に吹かれながらソムタムをまったりつまむ午後を楽しんでほしいです。

📍 249/2 Moo 5 Phrabaramee Rd,
　Kalim Tombol Patong Amphur Kathu Phuket
📞 076-618079
🌐 facebook.com/AbzabRestaurant/
🕐 10:00〜23:00、無休／✘ 英語メニュー◎
MAP P128▼B-1

Crust
▶ クラスト

私のおススメ、トマト、サラミ、アンチョビ、モッツ
アレラチーズのピザ、ルスティカ 340B。耳まで
パリパリでおいしい。

在住ヨーロピアンが通うイタリアン

　2013年オープンのイタリアンで、オーナーはタイと
スウェーデンにルーツを持つ女性。プーケットに住む
ヨーロッパの人たちに大人気で、いつも家族連れでい
っぱいです。テーブルは5、6卓なので、週末は予約を
おすすめします。ピザは26種類、パスタは27種類。
何を食べていいか迷ったらボードに書かれた「今日の
おすすめ」をチェックしてみて。私が毎回注文するのは
ピザのルスティカ（Rustica）。トロトロチーズにアンチ
ョビの塩味、薄皮のピザがベストマッチ。デパートや大
型スーパーからも近いので、ショッピング後に立ち寄る
のにも便利です。

上：パルメザンチーズとマッシュルームの
クリームパスタ、アルフレード220B。／左：
ミンティという、ミントの葉の入ったスムージ
ー。食事の前にこれを飲むとスッキリします。

シーフード・アラビアータ
320B、生ハムとフルーツ
のサラダ260B、ブルスケッ
タ180B。サラダはイチゴソ
ースと生ハムが相性GOOD。

左：店はシノ・バイパス・ビルディングというシノ・ヨーロピアン・
スタイルの建物に入っている。／右：店内の半分は厨房スペース。
テーブルは厨房のまわりを囲むように配置されている。

📍 46/9 Moo 5 Chalermprakiat 9 Rd,
　Tombol Wichit Amphur Muang Phuket
📞 093-7630318
🛜 facebook.com/crustphuket/
🕐 11:00〜15:00、17:00（木曜16:30）〜22:00、水曜休
🍴 英語メニュー◎
MAP P130◀A-1

Rustic Eatery & Bar
▶ ラスティック・イータリー・アンド・バー

ビーチフロントでフュージョン料理を

てきぱきと
よく動くスタッフたち。
欧米人客がメインなので、
もちろん英語も
とても上手。

左：大きなポークチョップ
420B。肉の旨味を損ねな
いやさしい味のタルタル
系ソースで。／下：見栄え
も素敵なデザート。もち米
とマンゴー、塩キャラメル
アイス。チョコとフルーツ
のソースでいただくチュ
ロスは絶品！

左：パトンビーチでもいちばん南側にあるので、静かにゆっくり食事が楽しめ
る。店の斜め前にはブランコが。／右：店の入り口の向かって左側はThe
Frontというホテルになっている。

潮風を感じながら食事ができる開放的な席。奥にも静かに食
事ができるテーブルがある。

📍 36 Thaveewong Rd,
Tombol Patong Amphur Kathu Phuket
📞 076-344667
🌐 facebook.com/rusticeateryphuket/
🕐 13:00～22:00、無休／✘ 英語メニュー○
MAP P130◀D-1

　バンコクの料理学校ル・コルドンブルーで学
んだタイ人女性のムックさんがイタリアン・レス
トランを改装してはじめた店です。コンセプトは
「欧米料理とアジア料理の融合」。ここでしか味
わうことができないフュージョン料理を提供して
います。みそ汁が西洋風のスープになっていた
り、和牛サラダやサーモンの照り焼きなども和
のテイストにひと工夫してあったり。オシャレだ
けど親しみやすい味になっています。和牛を使
ったチーズバーガー320バーツはフードコンテ
ストで入賞した店自慢の一品。ランチに海を見
ながらほおばってみては？

🍴 Rawai Seafood Market
▶ ラワイ・シーフード・マーケット

界隈には調理可能なレストランがいくつも並ぶ。私のおススメ店はクンパー・ラワイ・バーベキュー。

上から：海沿いに新鮮な魚介を並べた店がずらりと並ぶ。エビも種類いろいろ。もちろんプーケットロブスターもある。／カキは生のままレモンとにんにくとチリソースで食べるのがタイスタイル。生が心配ならオムレツにしてもおいしい。／魚を買うときは、何の料理にするのかを伝えると、それにあったものをおすすめしてくれる。プラーカポンと呼ばれるスズキが人気。／プーケットロブスターはここなら街中のシーフードレストランの半額以下で食べることができる。

獲れたてシーフードを
その場で調理

　プーケットの先住民であるシー・ジプシーの村に隣接したシーフード・マーケット。ラワイビーチのいちばん端にある市場には、新鮮な魚介類が並んでいます。そこで買ったものを向かいにあるレストランに持ち込んで調理してもらうシステムです。マーケットは午前中からオープンしていますが、獲れたての魚が入ってくるのは、実は夕方なのだとか。ロブスターやシャコ、エビ、カニ、イカなど豊富な魚介類はすべて量り売り。それらを市場で選んで買うのも楽しい時間です。調理代は1品75バーツ（500gまで）。シンプルにバーベキューにすると、より新鮮さを味わえます。

バーベキュー以外にこんな調理法もおススメ。イカのレモン蒸し、エビと春雨の蒸しもの、カニチャーハン、はまぐりのチリソースバジル炒め。食材と調理代で4品合計600B程度。

[シーフード・マーケット]
📍 22/9 4233 Tombol Rawai Amphur Muang Phuket
🕐 10:00頃〜21:00頃、無休
[レストラン]
Khun Pha Rawai BBQ ▶ クンパー・ラワイ・バーベキュー
📍 117/2 Moo2 Viset Rd, Tombol Rawai Amphur Muang Phuket
🕐 11:00〜22:00、無休／✗ 英語メニュー😊
MAP P129◀D-2

Ketho Dimsum
▶ ゲッホー・ディムサム

朝食に安ウマ飲茶はいかが？

　プーケット・タウンとパトンの間のカトゥーという地域にある人気の飲茶店。早朝から店頭のセイロはフル稼働。ここの飲茶は種類が多く、どれも具が大きい！しかも一品30バーツ前後とお手頃価格です。私が必ず頼むのはえびシュウマイと冬瓜の肉詰め。近くには公園と無料の博物館があるので、食後の腹ごなしに散策してみては。

上：飲茶はプーケット・タウンではポピュラーな朝食。早朝便で到着したら、朝ごはんはここへGO！／左：奥にある冷蔵庫から自分で好きな具を好きなだけ選べるのも、ビュッフェのようで楽しい。

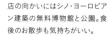

店の向かいにはシノ・ヨーロピアン建築の無料博物館と公園。食後のお散歩も気持ちがいい。

📍 48/2 Moo 1 Visit Songram Rd,
　 Tombol Kathu Amphur Muang Phuket
📞 081-5389377
📶 facebook.com/kethodimsum/
🕐 6:00〜12:00、無休／✗ 英語メニュー◎
MAP P128▼B-2

Hokien Noodle Soup
▶ ホッキエン・ヌードルスープ

上：トムヤムラーメンワンタン入り汁あり55B。麺は黄色い卵麺の太麺か細麺がオススメ。／右：汁なしトムヤムの卵細麺。

エビの効いたスープを
飲み干したい！

　プーケットにはすずの採掘で栄えた時代があり、鉱山で働くために中国・福建省から多くの人が移り住みました。彼らがつくっていた福建麺は、今ではプーケット人のソウルフード。この店も昔ながらのレシピで麺から手づくりしています。エビのダシをベースにしたスープの福建麺を出す店はいくつもあり、なかには観光客向けの店もありますが、ここは地元の人に愛される穴場店。

店の入り口のガラスケースに麺が並べてあるので、好きなタイプを選んで注文する。

📍 22/77 Luangpho Watchalong Rd,
　 Talad Yai Amphur Muang Phuket
📞 081-4771587
🕐 7:30〜18:30、不定休／✗ 英語メニュー◎
MAP P130▼B-2

HockHoeLee
▶ホックホーリー

大通りに面しているが、前
に駐車場があるので店内
はとても静か。ゆったりで
きるソファー席も。

自家焙煎コーヒー豆店の直営カフェ

　1958年にプーケット・タウンで創業。コーヒー豆の焙煎、販売を
行ってきた老舗店です。豆は主にタイの北部から仕入れており、自家
焙煎したものをラワイにある直営カフェで販売しています。カフェで
はコーヒーとの相性を追求したパンケーキやトースト、サンドイッチな
どのメニューを提供。コーヒーへの強いこだわりと愛を感じる店です。
街中からは少し遠いのですが、プーケットで長く愛される一杯を楽し
みに、島中からコーヒー好きが集まります。もちろん、コーヒー豆や水
出しコーヒーボトルをおみやげにするのもお忘れなく。

タイコーヒーは苦みが強く酸味が少な
いので、ラテにするとちょうどいい。コー
ヒーは75〜145B。

タイ北部で栽培されたタイ産の豆を仕入れ
て、プーケットで焙煎、販売している。ほかに
もカプセルや袋入りのドリップタイプもあり。

左：フルーツがたっぷり添えられたフレンチトースト275B。やさしい甘さにほ
っとする。／右：コーヒーの風味がよくわかる水出しコーヒーは105B。ボト
ルを買っていく人も多い。

♀ 28/9 Moo 5 Viset Rd,
　Tombol Rawai Amphur Muang Phuket
📞 081-9078192
🌐 hockhoelee.com/
🕐 8:00〜17:30、無休
🍴 英語メニュー◎
MAP P129 D-2

Café Havana
▶ カフェ・ハバナ

メキシカンビーフタコス250Bとビーフバーガー250B。そのほかサンドイッチも。

高台からカタ・ノイ・ビーチを一望

晴れた日は素晴らしい景色をながめることができる。テラス席は日差しがきついので、長居するならエアコンの効いた室内席からどうぞ。

左：チョコレートチーズケーキ75B、スフレケーキ75B。スフレケーキは日本風につくっているのだとか。／右：大通りに面していて、ガラス張りなので立ち寄りやすい雰囲気。右側はコンドミニアムで下に厨房がある。

フルーツたっぷりの南国らしいドリンク。バナナベリースムージーとパッションフルーツソーダ各140B。

　カロン・ビューポイントからカタ・ビーチへ抜ける途中の坂の上にあるカフェ。2018年のオープンで、コンドミニアムも併設しています。このあたりにはカタ・ビーチや街並みを一望できる絶景レストランが並んでいますが、駐車場とエアコン完備、さらに外から店内の様子が見えるこのカフェは観光客に大人気。白いイスが並んだ外のテラス席で写真を撮る人が続出しています。室内の席からでも海は見えますが、サンセットの時間帯からは、ぜひテラス席へどうぞ。食事は軽めのメニューが中心。海を見下ろしながらケーキを食べると、幸せな気分になります。

📍 Saiyuan Rd, Tombol Kata Noi
　 Amphur Muang Phuket
📞 093-6362236
🌐 facebook.com/CAFEHavanakata
🕐 10:30〜20:00、火曜休
🍴 英語メニュー◎
MAP P129 D-1

We Café
▶ウィ・カフェ

自家栽培野菜の摘みたてサラダ

スモークダックのフルーツサラダ250B。マンゴーソースをかけて食べる。ピザやパスタは200〜300B。

エアコンの効いた室内にある木のオブジェ。店のわきには水耕栽培をしているファームがあり、店内からも見ることができる。

上：レストランの手前にあるかわいい建物は無農薬野菜の販売ショップ。ガーデンでとれた葉ものは袋いっぱい買っても50B。／右：入り口付近はオープンエア席。木馬やブランコが置いてあり装飾もかわいい。子連れ客も多い。

外の席はヨーロピアンに人気。席の横には小さな池がつくられていてリラックスできる。

　地元で知らない人はいないほど有名なサラダの店。もとは水耕栽培ファームで、カフェとしてスタートした時は、サラダとサンドイッチだけの小さな店でした。それが健康ブームで注目され、現在は本店のほか、プーケット・タウンのサムコーン（MAP P130◀A-1）、島南部のラワイ（MAP P129◀D-1）にも支店ができました。メニューはまるでファミリーレストランのように豊富で、どのお皿にも自家栽培した無農薬野菜のサラダがたっぷり添えられています。旅行中、野菜不足を感じたらぜひ駆け込んでください。

♀ 5/30 Chaofa west Rd,
Tombol Wichit, Amphur Muang Phuket
📞 088-7521352
🛜 wecafephuket.com/
🕙 10:00〜22:00、無休
🍴 英語メニュー◎
MAP P129◀C-2

シーフード春雨サラダとチャーハン。アラカルト料理は一品200〜300Bほど。

ร้านอาหาร ราไวย์วิว 🍽️ **Rawai View Café & Bar**
▶ ラワイ・ビューカフェ＆バー

漁師の船が停泊するのどかな風景

上：ビーチの端にあるのでビーチ全体を一望できる。沖にスピードボート、岸の近くにはロング・テール・ボートが停まっている。／右：日中は青い海が見えて気持ちがいい。夜はライブ演奏がある日もあり、音楽を聴きながらの夜の海もまたよし。

　ラワイ・ビーチの端にあるカフェ＆バー。このビーチはリゾートとは少し異なり、漁のために干している網や、漁に使うロング・テール・ボート（エンジンをつけた木の船）が並ぶ生活の浜。ビーチフロントにあるこの店からは、プーケットの人びとの暮らしの様子を見ることができます。メニューは一般的なタイ料理がメインですが、欧米人向けのサイズなのか量は多め。プーケット最南端の絶景で知られる観光地プロムテープ岬に近いので、観光後に立ち寄って、潮風に吹かれながら気持ちよいランチタイムを過ごしてみてはいかが？

ボリュームたっぷりなパッタイ150Bはこれひと皿でおなかいっぱいに。観光客向けに辛さは控えめになっている。

📍 96/6 Moo6 Soi 1 Leam Promthep Tombol Rawai Amphur Muang Phuket
📞 088-7683340
🕐 7:00〜19:00、無休／✎ 英語メニュー◎
MAP P129◀D-1

プーケットのホテル

Hotel in Phuket

Hotel in Phuket
プーケットのホテル

予算や目的に応じた
多彩な選択肢

高級ヴィラから
おしゃれドミトリーまで

　約30年前、私が最初にプーケットに旅行で来た頃、島内にあるホテルは300軒程度でした。それが今では2000軒ものホテルが島内にあるようです。リピートしたくなるプーケットの魅力が観光客とホテルの増加につながったのだと私は思っています。

　プーケットのホテルは、リゾートらしく低層タイプで敷地が広々としている印象がないでしょうか。以前は高層ビルタイプのホテルが多かったのですが、景観を損ねないよう2002年に建築物の

高さを23m以下に制限すると建築法で定められました（場所により高さが異なる場合もあり）。ですが、海沿いの崖や山の上に建っているホテルも多く、建物自体は低くても絶景を楽しめるホテルがたくさんあります。

　近年人気なのは、ヴィラやコテージなどと呼ばれる、客室が独立した戸建てになったタイプ。高級なところほど、よりプライベートを重視したつくりになっており、ロビーから部屋まではトラムやカートで移動、プライベートプールつきでバーベキューができるところもあります。

　かたや家族連れやグループなど、大人数向けサービスが充実したホテルや、低価格で泊まれ

左から／ホテルのすぐ前にビーチがあるとプールも海も両方存分に楽しめる。／少し高台につくられたホテルであれば、ロビーやレストランからも海が一望。／細い小路の奥にあるかわいらしいコテージへは、専用カートの送迎で移動。

古く、歴史のある
ホテルは、品があ
って落ちつく、と
国内外の旅行者
から人気。

明るく開放的なバ
スルームのホテル
も多い。海が見え
たり、天井がなく空
が見えたりするとこ
ろも。

憧れのプライベートプールつきヴィラ。ローシー
ズンにはお手頃な料金になることも。

る相部屋タイプのゲストハウスも数多くあります。
女性でも安心して利用できる、おしゃれでかわい
いドミトリーなどもありますよ。

ビーチで過ごすか、街に泊まるか

　地理的には、ビーチがきれいな西海岸側にホ
テルは集中しています。にぎやかで便利な滞在を
求めるならパトン・ビーチです。静かに過ごした
いならマイカオやナイヤーンをはじめとする北の
ビーチエリア。静かで、高級ホテルも多く集まっ
ています。バンタオ・ビーチはラグーナ（沼地を
開発したリゾートエリア）を中心にスーパーやモー
ルもあり、静かさと便利さ両方を求める人におす

すめ。カマラやカタはパトンへのアクセスもよい
ので、繁華街も楽しみたい人に。島の南側のナイ
ハン・ビーチやラワイ・ビーチには、長期滞在向
けの宿泊施設も多くあります。

　プーケット・タウンは、ビーチエリアに比べる
と物価が安く店が集中しているので、ショッピン
グや街歩きを楽しみたい人が泊まるのによいと思
います。比較的小規模で個性的なブティックホテ
ルが数多くあります。

　チェックインの際、現金かクレジットカードで
のデポジットが必要なホテルもあります。預かり
の控えはなくさないように保管し、チェックアウト
の際、返金を確認しましょう。

左から／中国文化も混じっているので、オリエンタルな装飾のホテルも多い。懐かしさを感じさせ、くつろげる。／山、海、森
が一望できるプール。バーを併設するプールも多いので、カクテルやフルーツシェイクを飲みながらどうぞ。

Sri Panwa Phuket
▶ スリ・パンワ・プーケット

ベッドから海をひとりじめ

海にせり出したプールと部屋。180度のパノラマで景色を楽しむことができる。

プーケット島南東部、パンワ岬の先端に位置する高級ホテル。スイート、ペントハウス、ヴィラなど部屋のタイプも多彩で、広さは70㎡以上。ほとんどの部屋にプライベートプールがついています。宿泊客専用の小さなビーチがあって1年中泳げるうえ、満ち潮の時間帯はカヤックなども楽しめます。スリ・パンワといえば、プールのなかに浮かぶダイニング、ババネストが有名。ここでは夕暮れ時になると別世界にいるような幻想的な写真が撮れます。宿泊客以外でも事前予約で利用が可能です。

ベッドに寝転がりながら、バスタブにつかりながら、ずっと海を感じていられる部屋のつくりになっている。

左：ホテル内にあるクール・スパのロビーと入り口はあちこちに池や花が配置されていて、見た目にも涼しい気持ちに。／左下：トリートメント・ルームはバスタブつき。まずは部屋脇のイスに座り足を洗ってもらってクールダウン。

1ベッドルーム・プールヴィラのプール。周りの森とつながっているようなリラックス感。

上：四方をプールと海にかこまれたお座敷
のようなババネスト。宿泊客優先だが、事前
のデポジット支払いで宿泊者以外でも利用
可能。／下：パンワ岬の突端約16万㎡を
ホテルの敷地が独占。ほぼ全方向、どこを
向いても海を眺められる。

88 moo 8 Sakdidej Rd, Tombol Vichit Amphur Muang Phuket
076-371000
sripanwa.com/ja/
全95室／一室16,915B〜、朝食つき
MAP P129 D-3

Keemala
▶ キーマラ

おとぎの国で鳥かごにおこもり

　敷地内には、おとぎの国のような鳥かごやテント、土のドームや、鳥の巣のようなかわいいコテージが点在しています。カマラの山の上にあり、周囲になにもないのがおこもりにピッタリ。木をふんだんに使っていたり、バスタブやシンクなどはふぞろいの石を使っていたり、室内にいても自然を感じられます。それでいて設備はしっかり整った5スタークラスです。4つの部屋タイプがあり、それぞれプライベートプールつき。高い天井と天蓋つきベッド、天窓がある部屋もあり、森のなかに迷いこんだ気分になれるかも?! モザイクの床が美しいロビーも要チェック。

上：一つひとつの「かご」は、スパのトリートメント・ルーム。室内からは海が見える部屋も。／下：ベッドの木のラインが曲がっていたり、シンクの石の形がいびつだったり。自然にできたアンバランスをあえて取り入れている。

天井が高くつくられているので開放感がある。バスルームに天窓がついている部屋も。

上：ロビーそばにあるプール。バーも併設されているメインプールのほか、石で段差をつくった河原のようなプールもあり。／左：プライベートプールのそばには、ブランコ型のイス。近くに森、遠くにカマラの海も見えてリラックス。

📍 10/88 Moo 6 Nakasud Rd,
Tombol Kamala Amphur Kathu Phuket
📞 076-358777
📶 keemala.com/
🛏 全38室／一室14,411B〜、朝食つき
MAP P128 ◀ B-1

Impiana Private Villas Kata Noi

▶ インピアナ・プライベート・ヴィラズ・カタ・ノイ

ワイルドな岩場と海のパノラマ

左：ホテルの前に大きな岩があり、波の打ちつける音がする。ダイナミックな景色もこのホテルならでは。／上：シンプルモダンな室内。ベッドルーム、バスルーム、クローゼットスペースなどどこも広々とつくられている。

　全11室の完全プライベートプール・ヴィラ。カタ・ノイ・ビーチの崖の上にあるため、波に削られたむき出しの岩のワイルドなながめが楽しめます。ベッドルームからは寝ていても海が見え、ぜいたくな景色をひとりじめ。この部屋で過ごす時間は特別なものになることまちがいなしです。宿泊しているヴィラでスパ・トリートメントを受けられたり、シェフがヴィラまで出張してくれてバーベキューができたり、など宿泊客のいろいろなリクエストにも応えてもらえます。部屋数が少ないホテルだからこそのゲストの特権ですね。

バスタブの向こうは大海原というぜいたくさ。まわりに建物がないので、海の景観が一切さえぎられない。

左：フロント横のロビーエリアはクラシカルで落ち着いた装飾。ここからはガーデンが見える。／右：レストランはフロント前にあるひとつのみ。各ヴィラでプライベート・ダイニングをする宿泊客が多いからだとか。

📍 10 Kata Noi Rd, Moo 2 Tombol Karon Amphur Muang Phuket
📞 076-330770
🌐 impiana.com.my/hotel/impiana-private-villas-kata-noi-phuket/
🏨 全11室／一室7000B〜、朝食別
MAP P129◀D-1

Casa Blanca Boutique Hotel Phuket
▶カーサ・ブランカ・ブティックホテル・プーケット

古い街並みに映える白亜のプチホテル

左：廊下や客室の白い壁には、オーナーが選んだ温かさを感じる絵画があちこちに飾られている。／右：シノ・ヨーロピアン・スタイルの建物が多いオールド・タウンの街並みのなかでも、ホテルの真っ白な外観はよく目立ち、より格式高く見える。

　チェンマイでホテル経営に成功したオーナーが、プーケット・タウンにもブティックホテルをオープン。女性オーナーらしい清潔感とセンスのよさがあふれています。限られた敷地でも空間を上手に使っており、スイミングプールや、吹き抜けの中庭、シッティングエリアなども配置されています。街の中心部にあり、タラン通りにも歩いてアクセスできます。併設のカフェのケーキはイタリアで勉強したというオーナーのハンドメイド。ロビー横のカフェスペースの壁にある大きな女性の絵は、オーナーの肖像画です。

ケーキのなかでイチ押し、バナナとカスタードクリームたっぷりのチョコスポンジケーキ90B。注文した後に生クリームをたっぷりのせてくれる。

上：スーペリアルームは、部屋によって使っているベッドカバーの色や壁紙がいくいろ。／下：プーケット・タウンにはブティックホテルはいくつもあるが、プールがあるところは珍しい。

📍 26 Phuket Rd, Tombol Talad Yai Amphur Muang Phuket
📞 076-219019／🌐 casablancaphuket.com/
🏨 全17室／一室2300B〜、朝食別／ MAP P131◀B-3

Sala Phuket Mai Khao Beach
▶ サラ・ブーケット・マイカオ・ビーチ

開放感たっぷりのヴィラとバスタブ

　空港から北に車で約15分のマイカオ・ビーチにある
ホテルです。ホテルのエントランスで出迎えてくれるノス
タルジックで存在感あるドアが印象的。非日常へとリセッ
トするのにピッタリな入り口なのです。部屋は白、グレー
を基調としていて、清潔感と高級感を感じます。プライ
ベートプールに面した開放感たっぷりのバスタブも特徴
です。まわりは自然にあふれた場所。ホテル前のビーチ
には大きなデイベッドが用意されています。海を目の前
にのんびりと過ごしたい人は、ホテル選びの候補に入れ
てみてください。

室内は優しい生成り色でまとめられている。ベッドル
ームからすぐプールにアクセス。

ヴィラタイプのバスタブは室内ではなく、プールに向かった半屋外にあり、斬新なスタイル。

右：プールに面したオープンなバスタブ。
カーテンもついているが、せっかくなので開
放的に楽しんでみて。／上：ホテルの入り
口にある重厚なドア。よく見るとシノ・ヨー
ロピアンの模様になっている。

📍 333 Moo 3 Mai Khao Beach
　Amphur Thalang Phuket
📞 076-338888
🌐 salahospitality.com/phuket/
🛏 全79室／一室4208B〜、朝食つき
MAP P130◀C-2

デラックス・バルコニ
ールームの建物。バ
ルコニーに置いてあ
る大きなデイベッドで
お昼寝はいかが？

Sugar Palm Grand Hillside
▶シュガーバーム・グランド・ヒルサイド

♀ 1 Khoktanod Soi 3 Tombol Karon
　Amphur Muang Phuket
☏ 076-330388
🌐 sugarpalmgrand.com/
🏨 全106室／一室3000B++～、朝食つき
MAP P129◀D-1

お手頃価格でビーチと街に好アクセス

　カタ・ビーチの丘の上に、海を見下ろすように建つホテル。少し坂道をのぼる必要がありますが、ビーチには5分でアクセスできます。バスタブつきの部屋も多く、ベランダ・ジャクジーのついたタイプも。広さも45㎡と十分。ビーチにも街にも近くてリーズナブル、しかもモダンでオシャレなので、手頃に素敵なホテルに泊まりたい人におススメしています。

上：客室の建物はコの字型。真ん中にあるプールをとり囲んでいるので、ほとんどの部屋がプールビュー。／左：左から／シービューやバスタブつきの部屋になるかどうかは空き状況次第。予約の際に一言リクエストを入れてみて。／プールアクセス・ルーム。プールが傾斜に沿って階段状につくられているため、上の階の部屋からもプールにダイレクトアクセス。

The Memory at ON ON Hotel
▶ザ・メモリーアット・オンオンホテル

映画「ザ・ビーチ」にも登場

　1928年に建てられた、オールド・タウンのなかでも大変歴史のあるホテルです。真ん中に吹き抜けのスペースがあり、客室はそれを取り囲むようにつくられている典型的なシノ・ヨーロピアン建築です。ディカプリオの映画撮影時はホステルでしたが、5年前にホテルとして改装。古さとモダンさ加減が絶妙で、ほっと落ち着ける空間になっています。

上：部屋はモダンなシノ・ヨーロピアン・スタイル。青をベースにしたノーブル・ジュニアスイート・ルームは人気。／右：ロビーまわりはアンティークがあちこちに配置されていて博物館のよう。写真映えする場所もたくさんある。

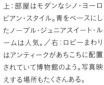

♀ 19 Phangnga Rd, Tombol Talad
　Yai Amphur Muang Phuket
☏ 076-363700
🌐 thememoryhotel.com/
🏨 全35室／一室1500B++～、朝食別
MAP P131◀B-2

足をのばして近くの島へ

Island Hopping

Island Hopping
足をのばして近くの島へ

自然にできた砂浜の造形が美しいカイ島。離島ならではのエキゾチックさがある。 Photo: LOVE ANDAMAN

ビーチの細かくてサラサラの白い砂を踏むと「南国に来た」という実感が湧いてくる。

スピードボートのツアーでは魚やサンゴが多いポイントに停泊してシュノーケルを楽しむ。 Photo: LOVE ANDAMAN

ボートで島探検へ出発！

Similan Island
シミラン島

Phang Nga
パンガー

N
0   50km

Krabi
クラビ

Phuket
プーケット

Khai Island
カイ島

Maiton Island
マイトン島

Coral Island
コーラル島

Phi Phi Island
ピピ島

Racha Noi Island
ラチャ・ノイ島

Haa Island
ハー島

Racha Yai Island
ラチャ・ヤイ島

Rok Island
ロック島

個性のある小さな島々

プーケット島のなかでも美しいビーチを楽しむことができますが、さらにシュノーケリングやダイビングを楽しみたければ、プーケット近隣にある島に出かけてみましょう。近いところでは、プーケットの船着き場からボートでたった15分で、カラフルな魚たちが目の前を泳ぎ回る島に行くことができます。

近隣の島のなかで、もっとも名前が知られているのはピピ島です。高い岩に囲まれたピピ島は秘境という言葉がぴったり。実はピピ島は6つの島からなる諸島で、そのうち船着き場やホテル、繁華街があるのはピピ・ドン島。映画で有名になったマヤ・ビーチがあるのは無人島のピピ・レイ島です。ほかにもパイ島（バンブー・アイランド）、ユン島（モスキート・アイランド）、ビダ島、ビダ・ノイ島があり、パイ島とユン島はツアーに含まれている場合もあります。

プーケットから近く、アクセスしやすいポピュラーな島はコーラル島とカイ島。コーラル島は、ダイビングやパラセイリングなどのマリンスポーツが充実しています。カイ島は魚が集まる岩場があり、海に潜らなくても浅瀬で魚が見られることで人気です。この2つの島は半日でも気軽に行けるので、滞在時間が限られている人にもおすすめ。

時間があればぜひおすすめしたいのが、絶対的な海の透明度を誇るシミラン島。ハイシーズン

プーケットのビーチもきれいだが、少し離れた島に行くとさらに別次元であることに気がつく。Photo: LOVE ANDAMAN

にしか行けない国立公園に指定されています。9つの島で構成され、ダイビングスポットとしても有名です。

雨季でもビーチで泳げる

島によってそれぞれ個性があるので、滞在日数とどの島が自分の体験したいことに合っているかを考えて選ぶとよいですね。プーケットからさらに別の島に行くと非日常感もぐっと増して、一層パラダイス気分を満喫できますよ。

プーケットの雨季はモンスーンの影響で波が高くなり、西海岸のビーチは遊泳禁止になってしまう日も多くなります。近隣の島なら1年中泳げる場所もあるので、雨季でも海水浴やシュノーケリングを楽しめます。

島での注意点は、魚に触ったり、餌づけをしたりしないこと。これについては罰金もありますので覚えておきましょう。

島へは、船着き場でチケットを買って乗船するよりも、ホテルから港までのプーケット内送迎、港から島までのボート、食事などが含まれたツアーを利用したほうが割安になるケースがほとんどです。半日や日帰りでのツアーとしていろいろな会社が催行していますので、チェックしてみてください。

ボートに乗って15分で楽園へ

コーラル島
Coral Island

プーケット島から簡単にアクセスができ
る、もっとも近い島がコーラル島。プーケッ
トの南東約9kmのところに位置しています。
タイ語の名称は「ヘー島 (Koh Hae)」。プー
ケットのビーチは5〜10月の雨季になると
波が高くなり、遊泳禁止になることも多いで
すが、コーラル島のまわりは湾になっている
ので1年中泳げます。ビーチは島の北東に
2か所。長さ約800mのカハン・ビーチ (ア
オ・ヤイ)と、長さ約400mのバナナ・ビー
チ (アオ・レック)で、そのどちらでもマリン
スポーツがいろいろと楽しめます。私も人生
初ダイビングはこの島の体験ダイビングで
した。ライセンスなしでもOKです。

カハン・ビーチのチェア。木陰も多く、レストランなどもあるので、泳が
ない時間も海をながめてのんびりと。

スピードボートに乗船後、しばらくすると見えてくるコーラル島のビーチ。乗り物に酔いやすい人でもこれぐらい近ければ大丈夫。

上：スピードボートに引っ張られ、空高くまでぐんぐん上るパラセイリング。コーラル島を空からながめてみて。／左：これを目当てにバナナ・ビーチに来る人もいるほど人気のクリアカヌー。青い海に浮くクリアカヌーは写真映えする。

カハン・ビーチに立つコーラル島の看板。これ以外にもいくつか島に看板が立てられているので、その前で記念写真をどうぞ。

以前はボートから直接ビーチに降りていたので、波で服や荷物が濡れたりしていたが、近年では足を濡らさず楽に上陸できるようになった。

Coral Island
(Koh Hae)

プーケット・シャロン港からスピードボートで15分
楽しめるアクティビティ
パラセイリング、ダイビング、シーウォーカー、バナナボート、シュノーケリングなど

121

切り立つ岩に囲まれた有数の秘境

ピ ピ 島
Phi Phi Island

Phi Phi Island
(Koh Phi Phi)

プーケット・シレー港／ボートラグーン港からスピ
ードボートで約45分
◎楽しめるアクティビティ
シュノーケリング、ダイビングなど

左：観光名所のひとつ、バイキング・ケイブ。現在はなかに入ることはできないが、以前私が見た時にはツバメの巣を取る高いハシゴや壁に描かれた絵があった。／下：ボートを沖に停泊させてのシュノーケリング。水面からびっくりするぐらい近くにサンゴが見える。

上：スピードボートツアーでシュノーケリングを行うのは、ピピ・レイ島周辺が多い。ハイシーズンにはたくさんのボートが停泊する。／左：長い年月をかけて岩が侵食してできた小さなビーチ。ボートでないとアクセスできない場所や、まだ知られていない秘密の場所もありそう。

プーケットから約45km、スピードボートに1時間ほど乗ればたどりつけるタイを代表する秘境がピピ諸島。6つの島の総称であり、海風に削られた岩と緑色の海の景色は壮大でゾクゾクします。島の玄関口はピピ・ドン島にあるトン・サイ湾で、周辺には レストラン、バー、コンビニ、おみやげ店などが集まりにぎわっています 。ピピ島の観光名所であるバイキング・ケイブや映画の撮影場所になったマヤ・ビーチ、ピレ・ラグーンなどは、ピピ・レイ島（無人島）にあります。船着き場周辺から少し離れれば島はとても静か。高級ホテルもあり、無人島滞在気分を味わえます。

映画で人気となったピピ・レイ島にあるマヤベイは、2021年4月現在環境保護のため閉鎖中。周辺の海でシュノーケリングを楽しむ。

ボートのそばや、船着き場など、人のいるところには餌を求めてたくさんの魚が集まってくる。

ハイシーズンにだけ行ける
パラダイス
เกาะสิมิลัน

シミラン島
Similan Island

プーケットから日帰りでアクセスできる島のなか
では、周囲の海が抜群の透明度と評されるシミラン
島。ひとつの島ではなく、9つの島の総称になります。
プーケットからはサラシン橋を渡ってお隣のパンガ
ー県にある船着き場まで1時間ほど車で移動し、ス
ピードボートでさらに1時間。移動時間は長いのです
が、真っ白な砂とどこまでも透き通る海、ダイナミッ
クな自然が広がる景色を見れば、来てよかったと思
うはず。海が比較的穏やかな10月中旬〜5月中旬
しか行くことができず、1日に行ける人数も制限され
ています。事前の予約が必要になるので、旅の日程
が決まったら早めに予約しましょう。

すぐに行ける場所でな
い分、島に到着した時の
感動はひとしお。群青の
海の深い色に心が吸い
込まれるよう。

左上：シミラン諸島はNo.1〜9までの番号で呼ばれている。
No.8にあるセイルボートロックと呼ばれる岩。ヨットのセイ
ルに似ているところから名づけられた。／右上：シミラン島1
日ツアーのランチボックスの一例。ダイビングツアーの場合
は、船内で調理をして食べるプランもある。

9つの島のなかで上陸
が可能なのは、No.4と
No.8の2つ。宿泊施
設はなくテントのみで、
国立公園事務所より
事前に宿泊許可を取
る必要がある。

Similan Island
(Koh Similan)

パンガー県・タプラム港から
スピードボートで60分
◎楽しめるアクティビティ
シュノーケリング、ダイビングなど

イルカとの遭遇率が高い島

マイトン島
Maiton Island

この島にはホテルが一軒あり、以前は宿泊者のみ上陸ができるビーチだったが、現在はツアー参加者でも降り立てるようになった。

別名「ハネムーン島 (Honeymoon Island)」と呼ばれるマイトン島は、プーケットの南東約9km、スピードボートで約20分という距離にあります。島の施設は清潔で、近年はきれいな桟橋もかけられ、足を濡らさず上陸できるようになりました。ほかの島よりツアー料金が高めなこともあり、比較的空いていてプライベート感が味わえます。島には徒歩10分ほどで上れる展望台がありますが、そこから見る海の透明度は抜群。遠くにプーケットも望むことができます。シュノーケリングではニモ（クマノミ）が見られたり、運がよければイルカの群れに出会うこともあります。

左：島にはちょこちょことこうした看板があり、その前で写真を撮っていく人も多い。お気に入りを探してみて。／右：ビーチから、またはボートからのシュノーケリングで「ニモ」やイルカに出会える場合も。遭遇率はかなり高い。

Photo: LOVE ANDAMAN

Maiton Island
(Koh Maiton)

プーケット・シャロン沖から
スピードボートで30分
楽しめるアクティビティ
シュノーケリング、
カヤックなど

Photo: LOVE ANDAMAN

浅瀬でも魚がすぐそばに

カイ島 *Khai Island*

เกาะไข่

Photo: LOVE ANDAMAN

プーケットの東側に位置するカイ島は、スピードボートでわずか15分。カイ島は、カイ・ノーク、カイ・ナイ、カイ・ヌイの3つの島の総称。観光客が上陸するのは主にカイ・ノーク島になります。ここは島の形が大きな湾になっていて、浅瀬でも魚を見られます。シュノーケリングが苦手な人や小さな子どもでも楽しめると思います。岩場も多いので、マリンシューズを持っていくと安心です。

上：カイ島の「カイ」とはタイ語で「卵」という意味。島の形が卵に似ているところからつけられた。／右：ツアーで訪れるほかの島にくらべて、岩がごつごつした感じや、葉葺き屋根の東屋などが素朴でワイルド。探検に来た気分になる。

Khai Island *(Koh Khai)*

⚲ プーケット・シレー港からスピードボートで20分
　◎楽しめるアクティビティ
　シュノーケリング、ダイビングなど

ラチャ・ヤイ島のサイアムベイ。パトックベイというビーチもあるが、ツアーではこちらのビーチに上陸することが多い。

ダイビングスポットとして有名

ラチャ島
Racha Island

เกาะราชา

プーケットの南へスピードボートで約40分。ラチャ・ヤイとラチャ・ノイの2つの島があるのですが、ホテルがありツアーで上陸するのはラチャ・ヤイ島。周辺の海ではトローリングやダイビングが楽しめます。ビーチの真っ白でサラサラの砂がとても印象的です。ザ・ラチャという高級ホテルとバンガローなどがいくつかありますが、あまり開発はされていないので「何もない」を楽しむにはよいところです。

真っ白な砂に感動。ラチャ島はビーチと砂が格別に美しい。ビーチ付近は日陰が少ないが、島内部にはいると木が茂っており、売店やレストランなどもある。

Racha Island *(Koh Racha)*

⚲ プーケット・シャロン港からスピードボートで40分
　◎楽しめるアクティビティ
　シュノーケリング、ダイビングなど

ビーチからのシュノーケリングではあまり魚が見えないので、ボートで少し沖に出てのシュノーケリングとなる。

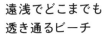
Photo: LOVE ANDAMAN

遠浅でどこまでも透き通るビーチ

ロック島
Rok Island

เกาะรอก

プーケットから南東へ110km、スピードボートで約2時間のロック島。クラビ県のランタ国立公園に属するロック島には、「ロック・ノーク島」と「ロック・ナイ島」という2つの島があります。海中に泳ぐ魚の姿が海の上からでも見えるくらいの透明度。ビーチの砂は信じられないくらいさらさらでパウダーのようです。

上・右：プーケットからさらに2時間。しかも11〜4月の乾季にしか行くことができない、手つかずの自然が残る場所。／下：ツアーではレストランや、シャワー施設などもあるロック・ノーク島に滞在する。

Rok Island
(Koh Rok)

プーケット・シレー港からスピードボートで120分
楽しめるアクティビティ シュノーケリングなど

左：5つの島の真ん中にボートを停めてシュノーケリング。さほど深く潜らなくてもブダイやゴマモンガラ、コブシメ、アジの群れなどが！

海原にぽっかり浮かぶ5つの島

ハー島
Haa Island

เกาะห้า

上：島の土台部分が波によって削られているので、離れて見ると海面から浮いているように見える。／左：遠くからは小さい島に感じるが、近くに寄るとごつごつとした岩肌と鋭い形でなかなかの迫力。

プーケットから約80km、ツアーでロック島と一緒に訪れることが多い島。「ハー」とはタイ語で「5」の意で、海に浮かぶ岩のような5つの島で成り立っています。ビーチは岩が削られてできた小さなものが一か所。海は濃い青色で、サンゴがボートの上からでも透けて見える抜群の透明度です。シュノーケリングでは赤ちゃんザメと出会えることも。

Haa Island (Koh Haa)

プーケット・シレー港からスピードボートで90分
楽しめるアクティビティ シュノーケリングなど

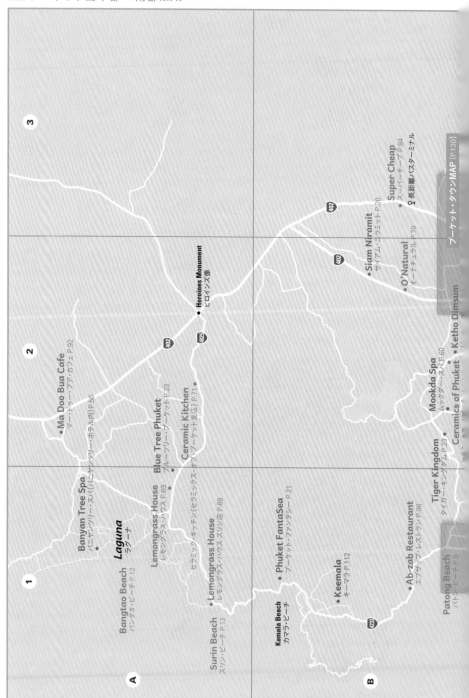

プーケット・タウンMAP [P.130]

Super Cheap
スーパーチープ P.84

Ⓠ長距離バスターミナル

Siam Niramit
サイアム・ニラミット P.20

O'Natural
オーナチュラル P.70

Heroines Monument
ヒロインズ像

Ma Doo Bua Cafe
マードゥー・ブア・カフェ P.92

Ceramics of Phuket
セラミックス・オブ・プーケット P.60

Ketho Dimsum

Mookda Spa
ムックダ・スパ P.60

Blue Tree Phuket
ブルーツリー・プーケット P.23

Ceramic Kitchen
セラミック・キッチン(セラミックス・オブ・プーケット支店) P.71

Tiger Kingdom
タイガー・キングダム P.23

Banyan Tree Spa
バニヤンツリー・スパ(バニヤンツリー・ホテル内) P.12

Laguna
ラグーナ

Lemongrass House
レモングラス・ハウス P.69

Lemongrass House
レモングラス・ハウス スリン店 P.69

Phuket FantaSea
プーケット・ファンタシー P.21

Ab-zab Restaurant
エプザブ・レストラン P.98

Bangtao Beach
バンタオ・ビーチ P.12

Surin Beach
スリン・ビーチ P.12

Kamala Beach
カマラ・ビーチ

Keemala
キーマラ P.112

Patong Beach
パトン・ビーチ P.8

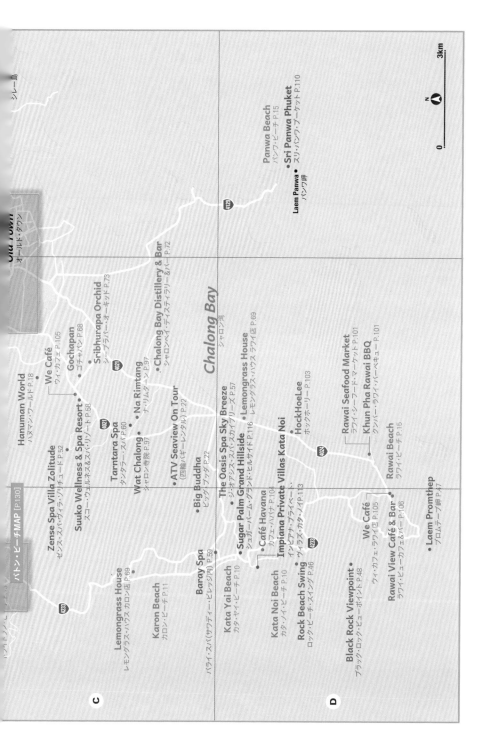

パトン・ビーチMAP [P.130]

Hanuman World
ハヌマン・ワールド P.18

Zense Spa Villa Zolitude
ゼンス・スパ・ヴィラ・ゾリチュード P.52

We Café
ウィ・カフェ P.105

Gochapan
ゴチャパン P.68

Suuko Wellness & Spa Resort
スー・ウェルネス&スパ・リゾート P.58

Sribhurapa Orchid
シーブラパー・オーキッド P.73

Tarntara Spa
タンタラ・スパ P.60

Wat Chalong
ジャロン寺院 P.97

Na Rimtang
ナ・リムターン P.97

Chalong Bay Distillery & Bar
シャロンベイ・ディスティラリー&バー P.72

•**ATV Seaview On Tour**
(四輪バギーレンタル) P.22

Lemongrass House
レモングラス・ハウス カロン店 P.69

Karon Beach
カロン・ビーチ P.11

•**Big Buddha**
ビッグブッダ P.22

Chalong Bay
シャロン湾

Baray Spa
バライ・スパ(サワディー・ビレッジ内) P.59

The Oasis Spa Sky Breeze
ジ・オアシス・スパ・スカイブリーズ P.57

•**Lemongrass House**
レモングラス・ハウス ラワイ店 P.69

Rawai Seafood Market
ラワイ・シーフード・マーケット P.101

Kata Yai Beach
カタ・ヤイ・ビーチ P.10

Sugar Palm Grand Hillside
シュガー・パーム・グランド・ヒルサイド P.116

Café Havana
カフェ・ハバナ P.104

•**HockHoeLee**
ホックホーリー P.103

Khun Pha Rawai BBQ
クンパー・ラワイ・バーベキュー P.101

Kata Noi Beach
カタ・ノイ・ビーチ P.10

Impiana Private Villas Kata Noi
インピアナ・プライベート・
ヴィラス・カタ・ノイ P.113

Rawai Beach
ラワイ・ビーチ P.15

Rock Beach Swing
ロック・ビーチ・スイング P.46

Black Rock Viewpoint•
ブラック・ロック・ビューポイント P.48

We Café
ウィ・カフェ・ラワイ店 P.105

Rawai View Café & Bar
ラワイ・ビュー・カフェ&バー P.106

•**Laem Promthep**
プロムテープ岬 P.47

Panwa Beach
パンワ・ビーチ P.15

•**Sri Panwa Phuket**
スリ・パンワ・プーケット P.110

Laem Panwa•
パンワ岬

N

0   3km

🚢 プーケット・タウンMAP

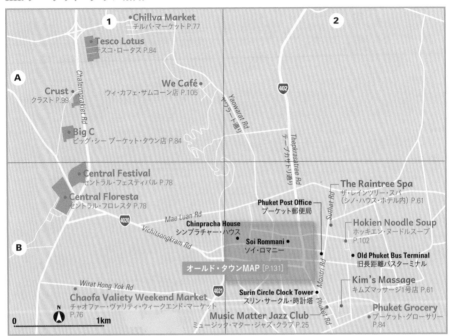

1
- Chillva Market
  チルバ・マーケット P.77

2

- Tesco Lotus
  テスコ・ロータス P.84

A

- Crust
  クラスト P.99

- We Café
  ウィ・カフェ・サムコーン店 P.105

Chatermarket Rd

402

Yaowarat Rd（ヤワラート通り）

Thepkrasattree Rd（テーブカサトリー通り）

- Big C
  ビッグ・シー プーケット・タウン店 P.84

- Central Festival
  セントラル・フェスティバル P.78

- Central Floresta
  セントラル・フロレスタ P.78

Mae Luan Rd

4020

Vichitsongkram Rd

- The Raintree Spa
  ザ・レインツリー・スパ
  （シノ・ハウス・ホテル内）P.61

Phuket Post Office
プーケット郵便局

Chinpracha House
シンプラチャー・ハウス

Suthat Rd

- Hokien Noodle Soup
  ホッキエン・ヌードルスープ
  P.102

B

Soi Rommani
ソイ・ロマニー

オールド・タウンMAP [P.131]

- Old Phuket Bus Terminal
  旧長距離バスターミナル

Montri Rd

- Kim's Massage
  キムズマッサージ1号店 P.61

Wirat Hong Yok Rd

4021

Surin Circle Clock Tower
スリン・サークル・時計塔

Phuket Rd

- Chaofa Variety Weekend Market
  チャオファー・ヴァリティ・ウィークエンド・マーケット
  P.76

Music Matter Jazz Club
ミュージック・マター・ジャズ・クラブ P.25

- Phuket Grocery
  プーケット・グローサリー
  P.84

0 _____ 1km

🚢 パトン・ビーチMAP

1

パトン・ビーチのサイン

C

Patong Beach
パトン・ビーチ P.8

Bangla Road
バングラー通り P.24

Police
交番

パトン・ビーチのサイン

Illusion Phuket
イリュージョン・
プーケット P.25

Central Patong
セントラル・パトン

Jungceylon
ジャングセイロン
P.80

Thawewong Rd（タウェーウォン通り）

Raruthit 200 Pi Rd（200ビー通り）（ラートゥート・ロード）

Sai Kor Rd（サイコー通り）（サイ・コー・ロード）

D

- Rustic Eatery & Bar
  ラスティック・イータリー・アンド・バー P.100

Breeze Spa
ブリーズ・スパ
（アマリ・プーケット・ホテル内）P.54

0 _____ 500m

🚢 プーケット島北部MAP

2

New Sarasin Bridge
新サラシン橋 P.48

Old Sarasin Bridge
旧サラシン橋 P.48

402

C

402

- Sala Phuket Mai Khao Beach
  サラ・プーケット・マイカオ・ビーチ P.115

Maikhao
Beach
マイカオ・ビーチ
P.14

Splash Jungle
スプラッシュ・ジャングル

飛行機が真上に
見えるビーチ
P.16

4031

D

Phuket International Airport
プーケット国際空港

Naiyang
Beach
ナイヤーン・ビーチ
P.14

402

4026

Sirinath Marine
National Park
シリナート海洋国立公園 P.14

0 _____ 2km

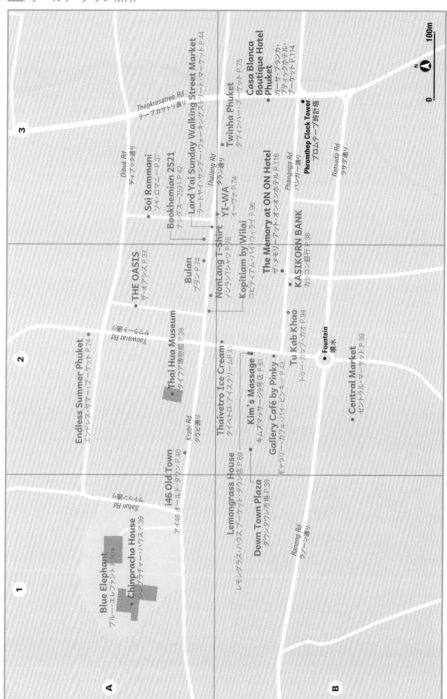

オールド・タウンMAP

Thepkrasatree Rd
テープカサトリ通り

N
0 100m

Dibuk Rd
ディブック通り

Thalang Rd
タラン通り

Yaowarat Rd
ヤワラート通り

Krabi Rd
クラビ通り

Satun Rd
サトゥン通り

Ranong Rd
ラノーン通り

Phangnga Rd
パンガー通り

Ratsada Rd
ラサダ通り

Endless Summer Phuket
エンドレス・サマー・プーケット P.74

THE OASIS
ザ・オアシス P.37

Soi Rommani
ソイ・ロマニー P.37

Bookhemian 2521
ブックヘミアン2521 P.42

Lard Yai Sunday Walking Street Market
ラートヤイ・サンデー・ウォーキングストリート・マーケット P.44

Twinha Phuket
ダウィンハ・プーケット P.75

Casa Blanca Boutique Hotel Phuket
カーサ・ブランカ・ブティックホテル・プーケット P.114

Bulan
ブラン P.74

NonLang T-Shirt
ノンランちシャツ P.75

YI-WA
イーワァ P.74

Kopitiam by Wilai
コピティアム・バイ・ウィライ P.36

The Memory at ON ON Hotel
ザ・メモリーアット・オンオンホテル P.116

KASIKORN BANK
カシコン銀行 P.38

Phromthep Clock Tower
プロムテープ時計塔

Thai Hua Museum
タイフア博物館 P.38

Thaivetro Ice Cream
タイベトロ・アイスクリーム店 P.41

Kim's Massage
キムズマッサージ9号店 P.61

Gallery Café by Pinky
ギャラリー・カフェ・バイ・ピンキー P.43

Tu Kab Khao
トゥーカップ・カオ P.94

Fountain
噴水

Central Market
セントラル・マーケット P.39

Blue Elephant
ブルー・エレファント P.90

Chinpracha House
チンプラチャー・ハウス P.90

Endless Summer Phuket

i46 Old Town
アイ446 オールド・タウン P.40

Lemongrass House
レモングラス・ハウス店 プーケット・オールド・タウン店 P.69

Down Town Plaza
ダウンタウン市場 P.39

A

B

1

2

3

常夏のプーケットにも「乾季」と「雨季」という2つの季節があります。それぞれの季節には、島の人びとが毎年楽しみにしている恒例行事やお祭りがあり、プーケット独自のものや、華僑の風習を反映したものなどもあります。

ロイクラトンは水の神さまへ感謝するお祭り。クラトン（とうろう）にロウソクと線香を立て、ひたいの前で祈りを捧げてから静かに流す。

乾季

11月から4月

カラリと晴れて、風が気持ちいい日が続くので、ハイシーズンと呼ばれます。1日の気温は24〜32度くらいで、一番過ごしやすいのが11月から1月くらいまで。この時期には多くの観光客が訪れます。

11月にはとうろう流しで知られるロイクラトンがあります。プーケットでは海や池にとうろうを流します。一番にぎやかなのはプーケット・タウンのサパンヒン公園。池のまわりにたくさんの屋台が出てお祭りムードになります。

1月から2月にある中国旧正月は、島にもっとも人が多くなる時期。シャロン寺院のなかで毎年一週間程度大きなお祭りがあります。オールド・タウンでは昔ながらの食べもの屋台が並ぶオールド・プーケット祭りがあり、多くの人でにぎわいます。

2月からはだんだん暑さが増していき、タイのお正月であるソンクラーンの頃にピークを迎えます。プーケットのソンクラーンの水かけは4月13日の1日のみ。パトン・ビーチでは観光客による水かけ前夜祭が4月12日から行われるようになりました。また、この時期、マイカオ・ビーチやラグーナで毎年カメの稚魚を放流するお祭りがあります。

海も穏やかになるので、西海岸側のビーチでも遊泳ができるようになります。シミラン島など遠くの島へのツアーや、ダイビング・クルーズなどが開催されるのもこの時期。海の透明度も高くなります。観光客にとっては思う存分レジャーを楽しめるベストシーズンとなります。繁華街周辺や、空港への道は渋滞することもあります。

Photo：Oxana Bazarova

ソンクラーンで水かけをする4月13日は、人から水をかけられても怒るのはご法度。もともとは水でお清めをする仏教行事に由来する。ただ、パトン・ビーチではただのお祭りさわぎになっている面も。

雨季

色とりどりの果物が並ぶ屋台。雨季はマンゴスチンやランブータンが旬。新鮮なドリアンは匂いもキツくなくクリーミーでおいしい。

ソンクラーンの頃を境に、ずっと日照り続きだった気候から1日に数分雨が降るようになり、気温も少しずつ下がってきます。5月頃からはモンスーンの影響を受けるため風が強くなり、雨もほぼ毎日降るようになります。雨季というと日本の梅雨のようなものを想像するかもしれませんが、プーケットの雨季は平均して晴れかくもりで、1日のうちに数分スコールが降るという天気。涼しく過ごしやすい時期でもあります。まれに台風が来ることもあるので、そういう時は1日中雨に降られることもあります。

西海岸側の海は波が高くなり、遊泳禁止になる日もあります。ローシーズンと呼ばれますが、観光客が減ることからホテルが安くなったりしますし、人が少なくなるので敢えてこの時期を狙って旅行する人もいます。

波が高くなるこの時期には、サーフィンを楽しむ人もやってきます。カタ・ビーチやパトン・ビーチ周辺で行われるサーフィン・コンテストも恒例となりました。

9月から10月には、プーケット・タウンで華僑に伝わるベジタリアン・フェスティバルがあります。アジアのなかでもプーケットは大規模なパレードで知られています。裸足で焼ける炭の上を歩いたり、顔面に串を刺したりする儀式が行われ、それをする人は神さまが身体に入ると言われています。このお祭り期間中、島は独特のムードに包まれます。

年末年始はビーチでのカウントダウンにたくさんの観光客がやってきます。特にパトン・ビーチはにぎやかになり、花火もたくさん上がります。

雨季は旬を迎えるフルーツが一番多い時期。マンゴスチンやランブータン、竜眼などとても安くおいしくなります。

Photo: Tavivee Silpan

ベジタリアン・フェスティバルでは島内の中国寺院をおみこしが巡る。夜のパレードや儀式は不思議な雰囲気で背筋がゾクゾクするような迫力がある。焼炭の上を歩く火渡りの儀式はプーケット・タウンで行われる。

上から／プーケット・タウンのバンニアオ中国寺院。お祭りの10日間は白い服を着た人が大勢参拝し、爆竹の轟音が響く。／寺院のまわりには精進料理屋台が並ぶ。

タイ・プーケット
旅のヒント

✈ 日本からプーケットへ

日本からプーケットへは直行便なら6時間半程度の飛行時間で到着します。ですが2021年4月現在直行便は飛んでいないため、バンコクを経由するのが一般的です。バンコクからは1時間20分のフライトです。そのほか、シンガポール、クアラルンプール、台北、ソウル、香港などの経由地からプーケットへの便を利用することもできます。

日本からバンコクへもっとも多くの便を持つのがタイ国際航空。

✈ プーケット国際空港

プーケットの空港は、2016年に国際線専用ターミナルがオープンし、現在は国際線、国内線の2つのターミナルに分かれています。2つのターミナルは隣り合っていて、建物内部も2階の通路でつながっています。建物の外を歩いても5分ほどの距離です。車の場合はターミナルの行き来はできないようになっているので、一度敷地の外に出る必要があります。

空港に到着するとこのサインが出迎えてくれる。

🚌 空港から島内へ

空港からプーケット・タウンやパトン・ビーチまでは約40分。空港には24時間タクシーが待機しています。深夜は割高になることも。タクシー以外には、乗り合いバン、エアポートバス（空港−プーケット・タウン）などがあります。空港からパトン・ビーチまでの料金の目安は、タクシー1台600バーツ（利用時間帯や人数により異なります）、乗り合いバンの場合は1人250バーツほど。

🛺 島内の交通手段

バイクタクシー

トゥクトゥク

プーケット島内には電車は走っていないので、旅行者の移動は主にタクシーになります。主要観光地やホテルの前であればどこでもつかまえることができます。値段はメーターではなく乗る前に交渉する場合がほとんどです。乗用車タイプと、小型トラックの荷台を改造して座席にしたトゥクトゥクがあります。プーケットでトゥクトゥクと呼ばれる車は3輪ではなく、このタイプです。

プーケット・タウンと各ビーチをつなぐ「ソンテオ」というローカルバスもあります。7:00～17:30の時間帯に30分間隔ぐらいで運行。値段は路線により1人20～50バーツ。

少しの距離の移動なら、バイクタクシーもあります。赤いチョッキを着ているライダーが目印です。

ソンテオ

ソンテオ

◎ 通貨

タイの通貨はタイバーツBaht、略表記はB。お札は1000B、500B、100B、50B、20Bの5種類があります。コインは10Ｂ、5Ｂ、2Ｂ、1Ｂ、さらに1バーツより小さい50サタン、25サタンがあります。2021年4月現在バーツ＝3.49円。

◎ 両替

空港にはターミナルのなかにも外にも24時間の両替ブースが数か所あります。ショッピングモールにも必ず両替ブースはあります。パトン・ビーチは街中に両替所が複数あり、夜遅くまで営業しています。

◎ チップ

ホテルのポーターやベッドメイキング係にはチップを渡しましょう。目安は20バーツから。20バーツ札を何枚か用意しておくと便利です。レストランでは、サービス料が含まれない場合には、おつりの小銭を置いていくとよいと思います。もちろんそれ以上の金額を置いていっても構いません。

◎ 通信手段

街中に公衆電話はほとんどありません。電話をかける場合はホテルからつないでもらいましょう。携帯電話は、SIMフリーの電話を持っていれば、空港で旅行者用のSIMを購入できます。空港やショッピングモール、街のカフェでは無料のWi-Fiがあります。

> タイから日本への電話のかけ方
> **001-81-0をとった市街局番 - 電話番号**

◎ トイレ

洋式水洗が多いです。トイレットペーパーは溶けないので、トイレに流さずに備えつけのボックスに捨てるようにします。便座のそばについているホースは、ウォシュレットとして使います。

◎ 飲料水

水道水は飲めません。市販のペットボトルの水を飲むようにしてください。コンビニでは500ml入りで7バーツほど、1ℓ入りが20バーツくらいです。

◎ 気候と服装

基本的には日本の夏服で大丈夫ですが、レストランやショーなどの会場、移動中の車内や船内は冷房がかなり効いているところがあるので上着は必要。日差しが強いので、帽子もあるとよいです。

◎電圧とプラグ

電圧は220V、55HZ。コンセントは3つ穴のタイプが主流。3種類あるプラグは、どれも同じコンセントで使用ができ、日本の電化製品も電圧が対応していればそのまま差し込めます。

◎飲酒について

スーパーやコンビニなどでお酒を購入する際、時間に制限があります。

> 購入できる時間帯
> **11:00〜14:00／17:00〜24:00**

また、タイには禁酒日があります。仏教系の祝日、選挙日（投票日前日18時以降から投票日の終日）、王様の誕生日や記念日にもアルコール提供がなくなる場合があります。禁酒日は店によっては夜の営業をクローズすることも多いので、念のためチェックしておきましょう。

◎言葉

公用語はタイ語ですが、観光地はほぼ英語が通じます。

◎喫煙について

車内・室内での喫煙は罰金対象となります。室内ではなくても、喫煙可能な場所があるかどうか予めスタッフに確認をしてみてください。ホテルによってはベランダや館内での喫煙も一切禁止しているところもあります。

◎ケガや病気をした時

旅行者におすすめの病院

> バンコクプーケット病院
> **phukethospital.com**

プーケット・タウンにあり、日本人スタッフが常駐しています。

◎緊急時の連絡先

> プーケットツーリストポリス **1155**

> バンコク日本領事館 **02-2078500**

旅のタイ語

英語が通じるところが多いので、あまり使う機会はないかもしれませんが、タイ語であいさつだけでもすると、タイの人たちと距離が近くなると思います。基本的なあいさつと、タイ人がよくつかうフレーズをご紹介します。

＊(グ)は発音するかしないかくらいの軽いグで止める感じの音。
※男性は語尾に「カップ」、女性は「カー」をつけて使いましょう。

おはよう、こんにちは、こんばんは、さようなら
サワディー

ありがとうございます
コープ クン

ごめんなさい、すみません
(人に声をかける時)
コー トーッ

ご飯食べた？
(あいさつとして使う)
キンカーオ ルー ヤン

気持ちいい、気分がいい
サバーイ

おいしい
アロイ

おなかがすいた
ヒウ レーオ

おなかいっぱい
イム レーオ

ビールを1杯ください
コー ビア ヌン(グ)ケーオ

値段が高い
ペーン(グ)

まけて（値切る時に）
ロッ ダーイマイ

大丈夫です
マイペンライ

トイレはどこですか？
ホン(グ)ナーム ユー ティナイ

◎プーケットで行われるおもな行事

1月1日	元日（前後数日が休日）
第2土曜	こどもの日
1月〜2月	中国旧正月／オールド・プーケット・フェスティバル［オールド・タウン］／シャロン寺院祭り
3月	ヒロイン像をたたえる祭り［スリスントーン通り］
4月	ウミガメ放流祭り［マイカオビーチ／ラグーナ］
13〜15日	ソンクラーン（水かけは13日のみ）／バイク・ウィーク
6月	ラグーナ・インターナショナルマラソン／ババ・ウエディング（中国式ウエディング）［オールド・タウン］
6〜9月	サーフィン・コンテスト［カタ・ビーチ／カマラ・ビーチ／カリム・ビーチ／パトン・ビーチほか］
9月	ポートー祭り［プーケット・タウン バンニアオ寺院］
9〜10月	ベジタリアン・フェスティバル［島内各中国寺院］
10〜11月	ロイクラトン
11月	パトンカーニバル［パトン・ビーチ］／ラグーナトライアスロン
12月5日	キングス・レガッタ・ヨットレース
31日	大晦日 カウントダウン

◎タイ全土の祝祭日

2月 陰暦3月の満月／26日（2021年）	ワン・マーカブチャー［万仏節］
4月6日	ワン・チャクリー［王朝記念日］
5月4日	戴冠記念日
陰暦6月の満月／26日（2021年）	ワン・ウィサーカブチャー［仏誕節］
6月3日	スティダー王妃誕生日
7月 陰暦8月の満月／24日（2021年）	ワン・アーサーラハブチャー［三宝節］
三宝節の翌日／25日（2021年）	ワン・カーオパンサー［入安居］
28日	ワチラーロンコーン国王陛下誕生日
8月12日	シリキット王妃陛下誕生日
10月13日	ラーマ9世記念日
21日	ワン・オークパンサー［出安居／祝日ではないが禁酒日］
12月5日	ラーマ9世誕生日
10日	憲法記念日

＊満月の日に行われる行事は毎年日
　程が変わる。タイ観光庁で確認を。
＊土・日と祝祭日が重なった場合、翌
　日が振替休日となる。

Index

おわりに

　今回、プーケットのガイドブック執筆のお話をいただき、とても光栄に思いました。私も最初はプーケットに旅行に何度も来ていたリピーターで、それこそ市販のガイドブックは穴が開くぐらい読みつくしたものです。旅行中はもちろん、旅行前に予習したり、旅行後にも開いておさらいしたりできるガイドブックは、旅を盛り上げる最強の小道具だと思います。

　通常プーケットのガイドブックはビーチの情報が中心なのに対し、この本ではプーケット・タウンの、なかでもオールド・タウンについて多くのページを割いています。島の要となる部分を掘り下げることで、ビーチやレジャーだけでないプーケットの魅力についても書きたかったからです。

　プーケット華僑の歴史を調べるのは、一番時間を費やし、頭を痛めた部分です。調べてもわからないことは、地元のオールド・プーケット・タウン・ツーリズム・コミュニティーのメンバーの方々に教えていただきました。博物館に勤務している歴史研究家の方とも話す機会を得るなど、この本に携わらなければ多分出会わなかった人ともたくさんつながりを持つことができました。

　この1年は登っても登っても頂がみえない山登りをしている気分でした。でも、執筆やチェック作業は私一人で行っていても、たくさんの人がこの本のために動いてくださっていることは常に感じていたので心強かったです。企画からはじまり、たくさんわがままを聞いてくださったイカロス出版さんと、いつも励まし導いてくださった担当の西村さんには本当に感謝いたします。

　笑顔で私の質問に快く答えてくださったお店の方々、ホテルスタッフ、街かどの人々、家族、友人、たくさんの人の協力があってできた本です。何度も開いて読みたおしてもらえる一冊になったらうれしいです。

旅のヒントBOOK

各A5判

新たな旅のきっかけが
きっと見つかる
トラベルエッセーシリーズ

癒しのビーチと
古都散歩
ダナン＆ホイアンへ

定価1,650円（税込）

美食の古都散歩
フランス・リヨンへ

定価1,760円（税込）

中世の街と
小さな村めぐり
ポーランドへ 最新版

定価1,760円（税込）

魅惑の絶景と美食旅
ナポリと
アマルフィ海岸周辺へ

定価1,760円（税込）

レトロな街で食べ歩き！
古都台南へ＆
ちょっと高雄へ 最新版

定価1,760円（税込）

新しいチェコ・古いチェコ
愛しのプラハへ
最新版

定価1,760円（税込）

五感でたのしむ！
輝きの島
スリランカへ

定価1,760円（税込）

愛しのアンダルシアを
旅して
南スペインへ

定価1,870円（税込）

エキゾチックが素敵
トルコ・イスタンブールへ
最新版

定価1,760円（税込）

ヨーロッパ最大の
自由都市
ベルリンへ 最新版

定価1,760円（税込）

夢見る美しき古都
ハンガリー・ブダペストへ
最新版

定価1,760円（税込）

デザインあふれる森の国
フィンランドへ

定価1,760円（税込）

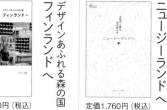
大自然と街を
遊び尽くす
ニュージーランドへ

定価1,760円（税込）

グリーンシティで
癒しの休日
バンクーバーへ

定価1,760円（税込）

彩りの街をめぐる旅
モロッコへ 最新版

定価1,870円（税込）

かわいいに出会える旅
オランダへ 最新版

定価1,760円（税込）

心おどる
バルセロナへ 最新版

定価1,760円（税込）

食と雑貨をめぐる旅
悠久の都 ハノイへ

定価1,650円（税込）

美食の街を訪ねて
スペイン＆フランス
バスク旅へ

定価1,870円（税込）

甘くて、苦くて、深い
素顔のローマへ 最新版

定価1,760円（税込）

アドリア海の素敵な街めぐり
クロアチアへ

定価1,760円（税込）

カラフルな
プラナカンの街
ペナン＆マラッカへ

定価1,760円（税込）

大自然とカラフルな街
アイスランドへ 最新版

定価1,760円（税込）

◎お問い合わせ：イカロス出版販売部
TEL:03-3267-2766 https://www.ikaros.jp/

キラキラかわいい街
バンコクへ

定価1,760円（税込）

おとぎの国をめぐる旅
バルト三国へ

定価1,760円（税込）

南フランスの休日
プロヴァンスへ

定価1,870円（税込）

アルテサニアがかわいい
メキシコ・オアハカへ

定価1,760円（税込）

神秘の島に魅せられて
モン・サン・ミッシェル
と近郊の街へ

定価1,760円（税込）

NYの
クリエイティブ地区
ブルックリンへ

定価1,760円（税込）

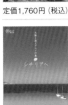

絶景とファンタジーの島
アイルランドへ

定価1,760円（税込）

イギリスのお菓子に会いに
ロンドンへ

定価1,760円（税込）

森とコーヒー薫る街歩き
ノルウェーへ

定価1,760円（税込）

美しいフィレンツェと
トスカーナの小さな街へ

定価1,760円（税込）

太陽と海とグルメの島
シチリアへ

定価1,760円（税込）

モロッコのバラ色の街
マラケシュへ

定価1,980円（税込）

緑あふれる自由都市
ポートランドへ
最新版

定価1,760円（税込）

北タイごはんと
古都あるき
チェンマイへ

定価1,650円（税込）

マーケットをめぐる
おいしい旅
ベルギーへ

定価1,760円（税込）

レトロでかわいい
ポルトガルの紙もの

A5判　定価1,760円（税込）

ゆったり流れる旅時間
ラオスへ

定価1,760円（税込）

レトロな旅時間
ポルトガルへ
最新版

定価1,760円（税込）

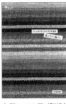

トレッキングと
ポップな街歩き
ネパールへ

定価1,760円（税込）

ギリシャのごはん
（うちで楽しむ、
とっておきレシピ65）

B5変型判 定価1,650円（税込）

素敵でおいしいメルボルン
＆野生の島タスマニアへ

定価1,870円（税込）

アンコール・ワットと
癒しの旅
カンボジアへ

定価1,760円（税込）

地中海のとっておきの島
マルタへ　最新版

定価1,760円（税込）

マンマが教える
シチリアの
おうちごはん

B5変型判 定価1,650円（税込）

※定価はすべて税込価格です。2021年5月現在

Phuket

鈴木さくらこ
Sakurako Suzuki

1993年7月よりプーケット在住。1991年から何度も旅行でリピートしてきているうちに、気が済むまで住んでしまえと3年くらいの予定で移住を決意。しかし気がつけばもうすぐ30年になろうとしている。2004年にタイ人の夫と現地旅行会社ブルーアイランドを立ち上げる。夫と息子2人と、プーケット・タウンで4人暮らし。

◎ **ブルーアイランド・プーケット**

さまざまなオプショナルツアーやホテル、スパの予約、送迎など、プーケット旅行に関することは、すべて日本語で相談・手配可能。
blueisland-phuket.com

遊んで、食べて、癒されて
タイ・プーケットへ

2021年6月1日　初版発行

著者　　鈴木さくらこ　©Sakurako Suzuki
発行者　塩谷茂代
発行所　イカロス出版株式会社
　　　　〒162-8616
　　　　東京都新宿区市谷本村町2-3
電話　　03-3267-2766（販売）
　　　　03-3267-2831（編集）

印刷・製本所　図書印刷株式会社

文・写真／鈴木さくらこ
デザイン／長尾純子
マップ／ZOUKOUBOU
編集／西村 薫

旅のヒントBOOK SNSをチェック！

乱丁、落丁本はお取り替えいたします。定価はカバーに表示しております。
本書の無断複写（コピー）は著作権上の例外を除き著作権侵害になります。

Printed in Japan

※海外への旅行・生活は自己責任で行うべきものであり、本書に掲載された情報を利用した結果、
　なんらかのトラブルが生じたとしても、著者および出版社は一切の責任を負いません。